Neues aus unserer Küche

Martina Meuth
Bernd Neuner-Duttenhofer

Neues aus unserer Küche

Das Begleitbuch
zur WDR Servicezeit:
Essen & Trinken

Redaktion der Sendung: Klaus Brock

vgs EGMONT

verlegt durch EGMONT Verlagsgesellschaften mbH,
Gertrudenstraße 30–36, 50667 Köln

Agentur: WDR mediagroup licensing GmbH

Redaktion: Cindy Witt, Susanne George
Umschlaggestaltung und Layout: Metzgerei Strzelecki, Köln
Bildnachweis:
Umschlagfoto vorn: Arno Imhoff
Umschlagfotos hinten: Martina Meuth
Videograps: Imhoff Realisation, hergestellt von Openedit
Bilder S. 12/13, 22/23, 36/37, 48/49, 55/56, 58, 60/61, 64/65, 68, 70–73, 80, 83, 84, 86/87, 91, 94, 96, 98/99, 103, 108, 110–113, 124, 127, 130/131, 137, 140, 142, 144/145, 149, 158/159, 162, 164, 166/167, 168, 170/171, 182/183, 186/187, 189, 204: Martina Meuth

Satz: Achim Münster, Köln
Produktion: Simone Nauerth
Druck: Firmengruppe APPL, aprinta druck, Wemding

ISBN: 978-3-8025-3738-7

Inhalt

Vorwort

Liebe Leserinnen und liebe Leser,

„Neues aus unserer Küche“ haben die beiden WDR-Köche Martina Meuth und Bernd Neuner-Duttenhofer das vorliegende aktuelle Begleitbuch zu ihrem TV-Kochklassiker „Servicezeit: Essen & Trinken“ genannt. Und nicht jeder Leser wird beim ersten flüchtigen Blick auf die einzelnen Buchkapitel wirklich Neues hinter den angebotenen Rezeptvorschlägen vermuten. Aber bei genauerem Hinsehen oder beim Nachkochen der Rezepte wird schnell deutlich: Hier wird gekonnt bodenständige Küche variantenreich, pfiffig und immer wieder überraschend neu kreiert. Das wird die treuen Fans unserer beiden Kochprofis wohl kaum verwundern. Falls Sie aber zum ersten Mal in einem Werk aus dem Hause Meuth/Neuner-Duttenhofer schmökern, werden Sie sicher nicht enttäuscht sein. Die angebotenen Rezepte sind – und das kann ich aus eigener Erfahrung gerne bestätigen – für jeden Hobbykoch leicht nachzukochen. Beim Probieren bleibt nur zu sagen: Einfach lecker!

Eine schöne Bestätigung ihrer kreativen Leistung ist auch, dass Martina Meuth und Bernd Neuner-Duttenhofer erst vor wenigen Wochen in einer bekannten Fernsehzeitung bei einem Expertencheck des deutschen Kochfernsehens den ersten Platz belegten – vor einer Reihe prominenter Kolleginnen und Kollegen. Neben der Auswahl der Rezepte und deren Zubereitung haben die Juroren besonders die Qualität der umfassenden Tipps zu den Zutaten und zum Einkauf sowie das herausragende Basiswissen der beiden überzeugt. Martina Meuth und Bernd Neuner-Duttenhofer vermitteln die Lust am Essen und Trinken so authentisch, dass dem Zuschauer die Scheu vor dem Nachkochen genommen wird.

Nicht weniger überzeugt hat viele Fans der Sendereihe die Wahl der neuen Küche, die nur wenige Meter von der alten entfernt liegt. Die Traditionalisten unter den Zuschauern haben nach dem Umzug zunächst ein wenig getrauert. Aber die positive Resonanz auf das neue Ambiente hat uns recht gegeben. So haben nun Kamera, Licht, Regie und nicht zuletzt unsere beiden Köche mehr Platz, um sich auszutoben oder – besser gesagt – sich auszuprobieren. Über die größere Bewegungsfreiheit, die visuelle Lichtgestaltung verbunden mit einer variablen Kameraführung wird eine noch intensivere Bildsprache erreicht – die Präsentation der Rezepte ist dadurch dynamischer.

Und damit sind wir im Ergebnis rundum zufrieden. Denn nach wie vor ist „Servicezeit: Essen & Trinken“ ein großer Erfolg bei den Zuschauern im WDR-Fernsehen.

Ich wünsche Ihnen nun, dass Sie einerseits Spaß haben werden bei der Lektüre dieses Buches, vor allem aber erfolgreich sind beim Nachkochen der Gerichte.

Wir alle freuen uns auf das kommende Jahr mit Martina und Moritz. Dann gibt es sicher wieder Neues aus ihrer Küche.

Gutes Gelingen!

Ihr Klaus Brock
Redaktion Servicezeit: Essen & Trinken

Viel Spaß beim Kochen!

Eigentlich, so heißt es immer wieder, wurde schon alles gekocht, was man sich nur vorstellen kann, es wurde längst alles ausprobiert, was sich zu essen lohnt. Trotzdem haben wir diesem Buch den Titel „Neues aus unserer Küche“ gegeben. Denn es sind darin tatsächlich völlig neue Rezepte zu finden – viele basieren zwar oft auf wohlbekannten Klassikern, aber wir haben diese traditionellen Zubereitungen ganz neu betrachtet und entsprechend verändert. Wir haben Rezepte aus dem klassischen Repertoire genommen und keck modernisiert, indem wir ihnen ein Aroma aus anderen Küchen der Welt verpasst oder mit fremden Garmethoden gearbeitet haben. Häufig haben wir sie noch mehr den neuesten Erkenntnissen der Ernährungswissenschaft und vor allem aber den Möglichkeiten der in den letzten Jahren entwickelten modernen Küchentechnik und neuen Geräten angepasst. So sind Rezepte entstanden, die manchmal geradezu spektakulär wirken (wie die geschmorten Kalbsröllchen mit Avocado, Seite 154), manchmal nur eine unauffällige, dafür aber unglaublich wohlschmeckende, intensive Variante sind (wie die Pürees von Dicken Bohnen, Seite 64). Mitunter haben wir aber auch einfach eine seit Jahrhunderten etablierte Zubereitungsart genommen und erklären sie so genau und ausführlich, dass sie garantiert zu einem hervorragenden Ergebnis führt.

Es kommt uns ja immer darauf an, vor allem das nicht so Augenfällige so präzise wie nur irgend möglich zu beschreiben, damit Sie, wenn Sie unsere Rezepte nachkochen, noch besser wissen, worauf Sie besonders achten sollten. Besonders am Herzen liegt uns stets eine genaue, deutliche und umfassende Warenkunde: Perfekte Ergebnisse lassen sich nur mit guten Zutaten erreichen! Und dann ist es natürlich außerdem entscheidend, sorgfältig mit ihnen umzugehen, die Produkte richtig aufzubewahren und immer auf ihre Qualität auch gebührend zu achten.

Moderne Küchentechnik erlaubt heute Zubereitungen, von denen man früher nicht einmal träumen konnte. Nehmen wir zum Beispiel Linsen (Seite 27): Früher hat man diese eigentlich feinen, delikaten Hülsenfrüchte ewig gekocht, schließlich mit einer Mehlschwitze gebunden und sie derb, pappig, unelegant und mächtig angerichtet. Heute dagegen spaziert man mit dem Mixstab einen Augenblick durch die eben gar gekochten Linsen, püriert dabei einen Teil, sodass eine leichte, wesentlich kalorienärmere und höchst elegante Bindung entsteht. Mit anderen Worten: Die Technik unserer Tage erlaubt es, schneller und besser, gesünder und geschmackvoller zu kochen!

Für diese Behauptung werden Sie in diesem Buch eine ganze Menge Beispiele finden. Denn wir wollen Sie ja dazu anregen, auf den Markt zu gehen und mit regionalen und saisonalen Produkten selber frisch zu kochen. Damit Sie auf Industrieprodukte weitgehend oder überhaupt verzichten können – denn die Verfahren und Zusätze, die für deren Herstellung nötig sind (Bindemittel, Konservierungsstoffe, Emulgatoren, Stabilisatoren, Antioxidantien, Hefen, Extrakte, Essenzen und Aromen) tun unserem Organismus nichts Gutes, wir brauchen sie wirklich nicht! Lieber wollen wir neben den klassischen, althergebrachten und bewährten Gar- und Kochmethoden moderne, schlanke, schnellere und geschmacklich vorteilhafte Alternativen bieten und zeigen, wie man mit wenig Aufwand und nicht allzu großer Mühe auch dann ein fabelhaftes Essen auf den Tisch bringen kann, wenn man eigentlich nur wenig Zeit hat. Dafür haben wir unsere Rezepte zum „Kochen aus dem Stand" entwickelt (ab Seite 185). Pfiffige Gerichte für den Alltag, die schnell zubereitet sind und für die Sie vor allem nicht erst lange einkaufen müssen, weil Sie die Zutaten dafür garantiert in Ihrem Vorrat haben.

Wir hoffen, dass Ihnen unsere Rezeptideen gefallen, und besonders schön fänden wir's, wenn Ihnen allein die Lektüre schon gleich Lust darauf macht, in die Küche zu stürzen, um das eine oder andere auszuprobieren. Auch wenn manches womöglich anfangs vielleicht ungewohnt erscheinen mag – zum Beispiel Brotteig mit der Nudelmaschine hauchdünn auszurollen für unser krachend knuspriges Brotpapier –, Sie werden es lieben, es hat geradezu Suchtpotenzial! Und Sie werden die ungesunden Cracker gar nicht mehr kaufen!

Und dann: Übung macht den Meister – als solcher fällt ja bekanntlich niemand vom Himmel! Das berühmte „im Handumdrehen" erfordert immer erst einmal ein wenig Praxis und Geschick. Aber erfreulicherweise dauert es am Ende gar nicht lang, bis man das nötige Fingerspitzengefühl entwickelt hat, das den Umgang mit den Zutaten selbstverständlich macht und man die Arbeit mit traumwandlerischer Sicherheit sozusagen im Schlaf erledigt. Learning by doing ist ja sowieso die allerbeste und sicherste Methode. Und der Lohn dafür: Glückliche Gesichter am Tisch, immer besseres, wohlschmeckenderes und obendrein auch noch gesünderes Essen! Und dazu der Spaß, der ja schließlich schon in der Küche anfängt und am Tisch bei reichlich Lob endet – so macht das Leben rundum Freude! Packen Sie's doch einfach an!

Martina Meuth & Bernd „Moritz" Neuner-Duttenhofer

Herzhafte Aufläufe

Gutes Essen für wenig Geld

Heiß geliebte Aufläufe

Heute geht's um Aufläufe. Also: Alles in eine Schüssel oder Form, in den Ofen damit – und nach einer Weile steht das Essen duftend, dampfend, fix & fertig auf dem Tisch. Das ist für Gastgeber praktisch, die Kochen, Arbeit und Haushalt unter einen Hut bringen müssen. Denn: Einmal alles vorbereitet – und man hat nichts mehr zu tun, muss nur noch servieren. Und noch ein Vorteil: Man kann so ziemlich alles in einer solchen Auflaufform verstecken, sogar Reste, die neu zusammengefügt wieder ein ganz neues, eigenes Gericht ergeben. Es können sogar ganz einfache Zutaten sein – genau richtig also, wenn nach den Festtagen Schmalhans Küchenmeister ist. Man muss ja nicht unbedingt den berühmten „Rumfort"-Auflauf machen, in den alles reinkommt, was rumsteht und fortmuss ...

Auflauf oder Gratin?

Ein Auflauf ist ja eigentlich eine Sache, die aufläuft, wie der Begriff schon andeutet, also hochgeht. Es ist im Prinzip das, was man auf Französisch Soufflé nennt. Da ist dann Eischnee im Spiel, der Luft in die Masse bringt und sie auch stabilisiert. Bei uns bezeichnet man jedoch auch das, was in Frankreich Gratin heißt, als Auflauf, also etwas, das nur überbacken wird. Für ein Gratin nimmt man die flache, die sogenannte Gratinform, für einen „richtigen" Auflauf jedoch braucht man die klassische, also eine hohe Auflaufform, weil sie der hochsteigenden Masse Platz bieten muss.

Tomaten-Kartoffeln

Im Winter nimmt man dafür Tomaten aus der Dose, passierte Tomaten aus dem Tetrapak oder aus dem Glas. Im Sommer dürfen es natürlich frische sein – ein herzhaftes und trotzdem leichtes, schnelles Essen: So einfach – und so köstlich!

1 Kartoffeln mit dem Sparschäler schälen, in dünne Scheiben hobeln, Lauch in feine Ringe schneiden, abwechselnd mit geschälten, zerdrückten oder in Scheiben geschnittenen Tomaten in eine flache, gebutterte Form schichten. Mit gewürfeltem Knoblauch, viel Majoran und gehackter Petersilie, natürlich auch mit Salz und Pfeffer würzen.

2 Eier mit Sahne und Käse verquirlen, kräftig würzen und darüber verteilen. Bei 160 °C (Heißluft; Ober-/Unterhitze 180 °C) im Ofen ca. 45 bis 60 Minuten backen, bis die Kartoffeln gar sind, sich alles gut vermischt hat und der Auflauf brodelt. Eventuell mit Alufolie abdecken, damit die Oberfläche nicht zu dunkel wird.

BEILAGE
Ein knackiger Kopfsalat.

GETRÄNK
Ein frischer Weißwein, zum Beispiel ein Silvaner.

ZUTATEN
Für vier Personen:

800 g Kartoffeln
2 Lauchstangen
1 kleine Dose geschälte Tomaten (Pelati)
2 EL Butter
2–4 Knoblauchzehen
1 EL getrockneter Majoran
3–4 Petersilienstiele
Salz
Pfeffer
4 Eier
200 g Sahne
100 g geriebener Käse (nach Belieben Parmesan, Grana Padano oder ein nicht zu junger Bergkäse)
Muskatnuss

Kürbisauflauf

ZUTATEN

Für vier bis sechs Personen:

1 mittlerer Hokkaidokürbis (ca. 1,2–1,5 kg Kürbisfleisch)
2–3 große Zwiebeln (je nach Größe)
2–3 EL Olivenöl
3–5 Knoblauchzehen
Salz
Pfeffer
1–2 Chilis
1 EL getrockneter Majoran
1 EL Kümmel
300 g Kassler oder gekochter Schinken
½ Baguette (am besten vom Vortag und in einer Plastiktüte aufbewahrt)
1 Bund Petersilie (ruhig glattblättrige und krause mischen)
4 EL Olivenöl
4 EL Butter
1 Tasse frisches Tomatenpüree
150 g Mozzarella
200 ml Milch
Muskatnuss
etwas abgeriebene Zitronenschale
2 Eier

Dafür nehmen wir am liebsten den pflegeleichten Hokkaidokürbis, den man nicht zu schälen braucht. Der wird geschlachtet, halbiert und alle Kerne ausgeschabt. Ein gutes Drittel vom Kürbisfleisch wird in schöne gleichmäßige Scheiben geschnitten, idealerweise mit der Aufschnittmaschine, damit die Scheiben exakt gleich stark sind und später auch gleichmäßig gar werden. Der Rest wird grob gewürfelt.

1 Den Kürbis wie oben beschrieben vorbereiten. Die Zwiebeln fein würfeln und zunächst in einem Topf im heißen Öl andünsten. Den gehackten Knoblauch hinzufügen, salzen und pfeffern. Wenn alles weich ist, die Hälfte der Zwiebeln herausheben und beiseite stellen. Die Kürbisstücke stattdessen in den Topf geben, die Gewürze – Chilis entkernt und gehackt, Majoran zwischen den Fingern zerrebelt – dazutun. Zugedeckt 20 Minuten auf kleinem Feuer absolut weich dünsten. Eventuell etwas Brühe angießen, wenn das Gemüse zu trocken wirkt.

2 Unterdessen das Kassler oder den Schinken in Würfel schneiden und die Auflaufform vorbereiten. Baguette auf der Aufschnittmaschine längs in dünne Scheiben (ca. 3 mm) schneiden.

3 Für das Petersilienöl die Petersilienblätter und Öl mit dem Stabmixer glatt pürieren, dabei einige Salzkörnchen mitmixen.

4 Eine flache Gratinform mit 2 EL Butter ausstreichen, mit den Brotscheiben so auslegen, dass der Boden davon bedeckt ist, die Scheiben am Rand jedoch rundum weit überstehen. Das Kürbisgemüse nur mit dem Kochlöffel aufrühren, bis die Stücke zu einem groben Püree zerfallen, und auf dem Brotscheibenboden verteilen. Die Kasslerwürfel darauf verteilen, alles mit Kürbisscheiben zudecken. Diese mit Tomatenpüree und Petersilienöl beklecksen, auch Mozzarellawürfel dazwischen verteilen. Jetzt die überstehenden Brotscheiben darüberklappen und mit weiteren Brotscheiben die ganze Oberfläche abdecken.

TIPP

Natürlich kann man das Fleisch oder den gekochten Schinken weglassen, dann ist der Auflauf bestens für Vegetarier geeignet!

5 Die beiseite gestellten gedünsteten Zwiebeln in einer Kasserolle mit Milch ablöschen, einige Minuten weich kochen, dabei mit Salz, Pfeffer, Muskat und abgeriebener Zitronenschale würzen. Mit dem Mixstab glatt mixen, die Eier untermischen und gleichmäßig über den Auflauf gießen. Die Eier in der Sauce stocken beim Backen im Ofen und geben dem Auflauf Halt. Außerdem kriegt er dadurch eine wunderbare Kruste.

6 In den Ofen damit, ca. 50 Minuten bei 160 °C (Heißluft; Ober-/Unterhitze 180 °C). Ab und zu überprüfen, ob die Brotkruste nicht zu dunkel wird, und gegebenenfalls abdecken.

7 Der Kürbisauflauf ist fertig, wenn die Brotscheiben schön gebräunt sind. Zunächst die ganze Sache sich ein paar Minuten setzen und festigen lassen. Dann erst mit dem Löffel durch die goldgelbe Brotkruste hindurchstechen und die Portionen austeilen.

BEILAGE

Dazu ein Salat aus Endivie und Radicchio.

GETRÄNK

Ein herzhafter Wein, etwa ein Rosé aus der Provence.

TIPP

Hübsch wäre es auch, den Auflauf in kleinen Portionsförmchen zu backen – so hat jeder seine eigene Form. Und: Wer unsicher ist, auf welche Schiene die Form im Backofen gehört, kann sich als Faustregel merken: Die Oberfläche sollte sich etwa auf der Höhe der mittleren Schiene befinden. Bei Umluft können natürlich gleichzeitig zwei Ebenen genutzt werden.

Brezel-Soufflé

ZUTATEN

Für vier Personen:

2 altbackene Brezeln
ca. 100 ml Milch
1 Zwiebel
2 EL Butter
2 Knoblauchzehen
50 g durchwachsener Bauchspeck in dünnen Scheiben
einige Petersilienstiele
2 Eier
Salz
Pfeffer
1 EL Paprikapulver

Außerdem:
Butter und Semmelbrösel für die Förmchen

Bei diesem Rezept sieht man deutlich, worauf es bei einem Soufflé ankommt: Die Masse wird mit Eischnee aufgelockert und dann in Portionsförmchen oder in einer großen Souffléform gebacken, die gerade Wände haben sollte. Nun kann die Masse hochsteigen, weit über den Rand, und bekommt die typische Form mit dem hochgewölbten Häubchen.

1 Die Brezeln in Würfel schneiden, in einer Schüssel mit der warmen Milch beträufeln und zugedeckt einweichen lassen. Inzwischen die Zwiebel fein würfeln und in der Butter andünsten, die fein gehackten Knoblauchzehen zufügen, ebenso den in Würfel geschnittenen Speck und die gehackte Petersilie. Etwas abkühlen lassen, dann mit den eingeweichten Brezeln vermischen. Das Eigelb unterrühren und schließlich mit dem steif geschlagenen Eischnee auflockern.

TIPP

Das Eiklar mit einer Prise Salz in der Maschine erst einmal 5 Minuten auf kleiner Stufe „auflockern" und dann auf höherer Stufe allmählich steif schlagen. Eischnee braucht seine Zeit, sonst kann es das Soufflé nicht tragen.

2 Portionsförmchen mit Butter ausstreichen und mit Bröseln ausschwenken, sodass die Förmchen überall gleichmäßig davon überzogen sind. Mit der Masse zu zwei Dritteln füllen. Im 180 °C heißen Backofen (Heißluft; Ober-/Unterhitze 210 °C) ca. 12 bis 15 Minuten backen, bis sie gut fingerbreit über den Rand gestiegen ist.

3 Für die Sauce Paprika, Zwiebeln, Knoblauch und entkernte Chilischote würfeln, in Butter oder Olivenöl (auch eine Mischung ist geeignet) weich dünsten, zunächst etwa die Hälfte der Brühe dafür angießen. Schließlich mit dem Mixstab glatt rühren und mit der restlichen Brühe auf die gewünschte Konsistenz bringen. Mit Salz und Pfeffer abschmecken, aber vor allem mit Balsamico.

4 Zum Anrichten einen Klecks rote Sauce auf der Tellermitte verstreichen, darauf das Soufflé setzen, das sich leicht aus seiner Form löst, und nach Belieben mit Klecksen von Petersilienöl dekorieren.

BEILAGE
Nur ein Stück Weißbrot, mit dem man die Sauce aufwischen kann.

GETRÄNK
Ein kräftiger Weißwein, nicht zu säurebetont, zum Beispiel ein Verdicchio dei Castelli di Jesi „Classico" aus den Marken.

Paprikasauce:
1 rote Paprikaschote
1 rote Zwiebel
2 Knoblauchzehen
evtl. 1 frische rote oder grüne Chilischote
2 EL Butter oder Olivenöl
ca. 250 ml Brühe
Salz
Pfeffer
Balsamico
eventuell 2 EL Petersilienöl (siehe Rezept Kürbisauflauf)

Fleischtopf mit Blätterteighaube

ZUTATEN

Für sechs bis acht Personen:

2–3 große Zwiebeln
3–4 Knoblauchzehen
(ruhig auch mehr!)
750 g Kartoffeln
500 g Möhren
1 Lauchstange
500 g Champignons
200 g durchwachsener Speck
(in 0,5 cm dicken Scheiben)
ca. 1 kg Weißkohl
je 500 g gut durchwachsenes Fleisch, etwa vom Hals: Kalb, Schwein und/oder Hähnchenkeulen (also Stücke, die nicht viel kosten; eine Mischung oder ca. 1,5 kg von einer Sorte)
ca. 250 ml Brühe
1 Glas Weißwein
1 Ei
1 Rolle Blätterteig (Kühlregal)
2–3 EL Milch

Man braucht dafür eine geräumige Auflaufform, sie kann aus Gusseisen sein oder aus Keramik – wie man sie zum Beispiel für den elsässischen „Baeckeoffe" nimmt, diesen Klassiker der elsässischen Küche, an dem sich dieses Rezept orientiert: Früher hat man für die großen Familien alle Zutaten in eine riesige Form (so groß, dass sie gar nicht in den häuslichen Herd passte) eingefüllt und zum Bäcker getragen, der sie in seinen Ofen stellte, nachdem sein Brot fertig war. In der nachlassenden Hitze wurde der Auflauf dann ganz langsam gebacken – daher der Name.

1 Die Zwiebeln in Ringe, den Knoblauch in Scheibchen hobeln oder hacken, die Hälfte davon auf dem Boden einer großen Auflaufform verteilen. Darauf die Hälfte der Kartoffelscheiben geben, Möhrenwürfel, Lauchscheiben, Champignons in Scheibchen und sanft geröstete Speckwürfel, in Streifen geschnittenen Weißkohl und schließlich das mit der Gewürzmischung (siehe rechts) gewürzte Fleisch. Es sollte gut durchwachsen sein, zum Beispiel Schweinehals, Lammschulter und Kalbshals oder auch einfach Hähnchenkeulen – am liebsten eine Mischung von allem!

2 Für die Gewürzmischung alle Gewürze in einer trockenen Pfanne rösten, bis die Körner zu springen und duften beginnen. Im Blitzhacker zu feinem Pulver mixen, dabei das Salz zufügen. Auch jede Gemüseschicht mit dieser Gewürzmischung bestreuten.

3 Schließlich die restlichen Zwiebeln, Möhren, Pilze, Speck, Kohl und Kartoffeln über das Fleisch schichten, natürlich jeweils kräftig würzen.

4 Etwas Brühe angießen. Die Form mit einem Deckel oder mit Alufolie gut verschließen und zunächst für 2 Stunden in den 180 °C heißen Backofen stellen (Heißluft; Ober/Unterhitze 200 °C). Dann sind Zwiebeln und Kartoffeln weich, und man kann jetzt den Wein angießen – nicht schon vorher, weil dessen Säure den Garprozess verzögert.

Gewürzmischung:
2 EL gelbe Senfkörner
je 1 EL weiße und schwarze Pfefferkörner
1 TL Piment
1 TL Wacholder
1 Stück Macis oder 1 kleines Stückchen Muskatnuss
1 getrocknete Chilischote
1 EL Kümmel
50 g Salz

5 Jetzt bekommt der Topf seine Blätterteighaube: Das Eigelb mit etwas Milch verquirlen. Das Blätterteigrund am Rand 2 Zentimeter breit mit Eiweiß einpinseln. Den Teigdeckel über die Form breiten und rundum gut andrücken und mit dem verquirlten Eigelb bestreichen.

6 Zurück in den Ofen stellen. Nach knapp 30 Minuten ist die Teighaube hochgewölbt, goldbraun und sieht appetitlich aus; innen brodelt's, und alles hat sich wunderbar vermischt. So wird der Topf zu Tisch gebracht, erst dort wird der Deckel durchstochen, durch den jetzt der köstliche Duft emporsteigt.

BEILAGE

Keine – der Teigdeckel ist Beilage genug.

GETRÄNK

Dazu ein fruchtiger Rotwein – zum Beispiel vom Kaiserstuhl – oder ein Elsässer Riesling.

TIPP

Diese Würzmischung hält sich in einem Schraubglas lange; sie passt zu herzhaftem Gemüse wie Kohl & Rüben immer gut, auch zu deftigem Fleisch!

Lieblingsgericht
Linsen

Linsen: vollwertig, preiswert, delikat

Für uns sind Linsen der Stoff, aus dem man Lieblingsessen macht. Sie sind vielseitig, es gibt sie in allen Farben und Größen, und man kann die unterschiedlichsten Gerichte daraus herstellen: elegant und fein, aber ebenso auch herzhaft, deftig und für ganz Hungrige. Früher gehörten Linsen ja eher in die Arme-Leute-Küche. Heute werden Linsen in feinsten Restaurants serviert.

Linsen-Tipps

Die immer wiederkehrende Frage lautet: Einweichen – ja oder nein? Die Antwort ist ebenso einfach wie salomonisch: Das können Sie halten, wie Sie wollen. In jedem Fall spart Einweichen Kochzeit, und da Kochen Energie kostet, hat man in den schlechten Zeiten Linsen wie alle Hülsenfrüchte stets eingeweicht; und dann auch noch in der sogenannten Kochkiste gegart (einer Kiste, die dick mit wärmedämmendem Material ausgeschlagen war und Strom sparen half) oder einfach unter eine dicke Schicht von wärmenden Decken ins Bett gestellt. Heute empfiehlt sich so etwas wieder, denn Energie sparen lohnt sich immer.

Dann kommt es auf die Linsen an, nämlich wie groß sie sind. Dass es sich bei den großen Tellerlinsen lohnt, die Garzeit zu verkürzen, leuchtet jedem ein. Aber es schadet schließlich auch nichts, wenn auch die kleineren Berg- oder grünen Linsen schneller gar sind.

Nur die geschälten roten oder gelben Linsen sollte man nie einweichen – ihnen fehlt die feste Haut. Deshalb sind die Linsen ohnehin so schnell gar, dass sie häufig sogar zu weich sind und zerfallen.

Warenkunde Linsen

Früher waren Linsen bei uns ein Grundnahrungsmittel, weil die Pflanzen sogar in Deutschland auf kargstem Boden und bei widrigstem Klima gediehen. Aber bald nach dem Krieg gab man zunehmend den im Grunde mühsamen Anbau auf und importierte Linsen nur noch. Doch seit gut zehn Jahren werden sie wieder angebaut, vor allem auf der Schwäbischen Alb. Man hatte zunächst die kleinen braunen Linsen aus Frankreich als Saatgut genommen, die auch das raue Klima der Alb vertragen, und sehr gute Erfolge damit erzielt. Und dann hat man, erst kürzlich, auf einem Dachboden ein Säckchen alter Linsen entdeckt und festgestellt, dass es sich dabei tatsächlich, wie vermutet, um die gleiche Sorte handelt, die hier vor mehr als einem halben Jahrhundert heimisch war. Und vor Kurzem wurde diese sogenannte Alblinse, eine braune Berglinse, von Slowfood zum Produkt mit geschützter Herkunftsbezeichnung erklärt. Sie können diese Linsen also schützen, indem Sie sie aufessen!

Linsen – die wichtigsten Sorten

Bei uns üblich sind die sogenannten Tellerlinsen. Ein Begriff, der sich erst seit den 60er-Jahren eingebürgert hat, wohl abgewandelt von dem bis dahin üblichen Wort Hellerlinsen. Man bezeichnete damit eine ganz bestimmte Linsengröße (zwischen 6 bis 7 Millimeter Durchmesser) – vermutlich weil diese Sorte einstmals für einen Heller zu haben war. Heute noch versteht man unter Tellerlinsen diese Größe – sie sind ungekocht bräunlich-grün und werden beim Kochen etwas dunkler.

Die 5 bis 6 Millimeter großen Mittellinsen und die stattlichen Riesenlinsen (alles, was größer als 7 Millimeter ist) gibt es bei uns selten. Früher liebte man große Linsen, die heutigen Köche schätzen dagegen mehr die kleinen *Linsen aus Le Puy*, einer eher kargen Gegend in Zentralfrankreich, oder aus dem Berry, westlich von Burgund. Und so sind sie regelrecht in Mode gekommen, die winzigen, manchmal sogar fast nur stecknadelkopfgroßen Linsen, die meist aus Frankreich stammen. Es gibt sie mittelbraun oder grün, manchmal schwarz gefleckt. Weil die wichtigsten Aroma- und Geschmacksstoffe vor allem in der Schale stecken, schmecken Linsen umso „linsiger", je kleiner sie sind.

Aus der indischen, türkischen und ägyptischen Küche, wo man Linsen überaus schätzt, kommen die roten, meist eher orangefarbenen, manchmal sogar fast pinkfarbenen oder auch gelben Linsen. Sie sind von der äußeren, in diesem Fall lila-bläulichen Schale befreit, deshalb sind sie schon nach kurzer Garzeit weich und zerkochen leicht zu Brei.

Im Prinzip kann man für die verschiedenen Rezepte jede Art von Linsen verwenden, die man am liebsten mag. Man sollte nur die unterschiedlichen Garzeiten beachten und einhalten.

Wie Linsen gar werden:

Die kleinen Le-Puy-Linsen sind auch ohne Einweichen in etwa 30 Minuten gar. Und sogar die großen Tellerlinsen brauchen heutzutage nicht mehr so lange Garzeiten, wie man das alten Kochbüchern entnehmen kann. Dort ließ man sie auch nach dem Einweichen zwei Stunden und länger kochen. Offenbar handelte es sich immer um Früchte aus lange zurückliegender Ernte. Denn je älter Hülsenfrüchte sind, desto länger brauchen sie, um gar zu werden.

Und noch eins: Es streiten sich die Fachleute, ob das Einweichwasser als wertvoll angesehen und daher mitverwendet werden sollte oder lieber weggekippt. Die Einen glauben, es seien jede Menge Inhaltsstoffe ins Einweichwasser gelangt und daher eine Schande, wenn man sie in den Ausguss schüttete. Die Anderen fürchten Schadstoffe, die sich möglicherweise gelöst haben könnten.

Da Linsen jedoch in einer Schale wachsen, sind sie vor Schadstoffen aus der Luft geschützt, können sie allenfalls mit der Nahrung aus dem Boden aufnehmen. Und diese Stoffe lösen sich nicht einfach durch Einweichwasser.

Manche empfehlen auch, die Linsen zunächst im Einweichwasser vorzukochen, dann abzugießen und mit frischem Wasser, besser noch mit Brühe erneut aufzusetzen.

Wir halten es so: Wir weichen ein, wenn genug Zeit ist. Das Wasser wird dann weggekippt, die Linsen mit Fleisch- oder Gemüsebrühe gekocht, wenn eine Suppe oder ein Linsengemüse daraus werden soll. Für Salat kann man die Linsen im Einweichwasser garen – es wird ohnehin anschließend weggeschüttet, weil man es im Salat nicht brauchen kann.

Linsencremesüppchen

Besonders gut gelingt dieses feine Süppchen mit den kleinen braunen Berglinsen, die man heute sogar bei uns wieder anbaut – auf der Schwäbischen Alb. Würfel von saftigem Kassler als Einlage und knusprige Brotcroûtons machen hieraus ein ganzes Essen.

1 Die Linsen dreifingerhoch mit Wasser bedecken, einen halben Tag einweichen und abgießen. Möhre, Lauch und Sellerie fein (linsenklein) würfeln.

2 In einem Suppentopf das Olivenöl erhitzen, die Gemüsewürfel darin andünsten, die gehackte Zwiebel und den Knoblauch zufügen, nach 2 Minuten auch die Linsen. Salzen und pfeffern. Die Brühe angießen, Lorbeerblätter und fein geschnittene Chilischote hinzufügen. Zugedeckt in 20 bis 30 Minuten alles absolut weich köcheln. Die Linsen sind gar, wenn man sie auf einem Brett ohne Mühe zerdrücken kann.

3 Unterdessen für die Einlage das Kassler zentimeterklein würfeln. Die Brotscheiben in noch kleinere Würfel schneiden und in einer Pfanne im heißen Öl knusprig braten. Am Ende die Hälfte der Schnittlauchröllchen untermischen. Beiseite stellen.

4 Wenn die Linsen weich sind, die Sahne angießen, den Pürierstab in der Suppe spazieren führen, bis sie schön gebunden ist. Es sollte aber noch ein Gutteil der Linsen und des Suppengemüses deutlich sichtbar sein. Noch einmal kurz aufkochen und mit Zitronensaft und Balsamico abschmecken! Eventuell mit etwas mehr Brühe auf die gewünschte cremige Konsistenz bringen.

5 Die Kasslerwürfel 2 Minuten in der heißen Suppe ziehen lassen. Brotcroûtons erst im Teller darüberstreuen, damit sie knusprig bleiben, und zum Schluss die restlichen Schnittlauchröllchen darüberstreuen.

GETRÄNK

Ein säurefrischer Weißwein, zum Beispiel ein Gutedel. Es passt aber ebenso gut ein herzhafter Rosé oder ein kühles Bier.

ZUTATEN

Für sechs Personen:

200 g kleine braune Berglinsen
1 Möhre
1 Lauchstange
¼ Sellerieknolle
1 kleine Stange Bleichsellerie
2–3 EL Olivenöl
1 kleine Zwiebel
1–2 Knoblauchzehen
500 ml Brühe
2 Lorbeerblätter
1 kleine Chilischote
Salz
Pfeffer
100 g Sahne
Zitronensaft
Balsamico
eventuell Brühe zum Verdünnen

Einlage:
150 g Kassler
2 Scheiben Graubrot
2–3 EL Olivenöl
Schnittlauch

Linsengemüse

ZUTATEN

Für vier bis sechs Personen:

500 g kleine Tellerlinsen
2 Zwiebeln
1 Lauchstange
1 kleine Möhre
2 EL Olivenöl
2–3 Knoblauchzehen
2–3 Stangen Bleichsellerie
750 ml Brühe
Salz
Pfeffer
1–2 EL aromatischer Essig (Himbeeressig, Sherryessig oder auch Chiliessig)

Für dieses Rezept haben wir uns vom schwäbischen Klassiker (mit Würstchen und Spätzle), den wir natürlich über alles lieben, inspirieren lassen. Ein herzhaftes Essen, das prima geeignet ist, wenn man eine größere Runde bewirtet.

1 Die Linsen über Nacht einweichen. Anderntags Zwiebel, Lauch und Möhre fein würfeln und im Suppentopf im heißen Öl andünsten, den gehackten Knoblauch zufügen, den linsenklein gewürfelten Sellerie und die eingeweichten Tellerlinsen. Mit Brühe nur knapp bedecken, salzen und pfeffern und zugedeckt sanft garen, bis die Linsen weich sind. Je nach Alter und Größe der Linsen ca. 30 bis 60 Minuten.

2 In der Zwischenzeit die Tomatensauce zubereiten: Dafür in einer Kasserolle die fein gewürfelte Zwiebel im Öl weich dünsten, aber nicht bräunen. Den gehackten Knoblauch hinzufügen und schließlich die Tomaten samt Saft aus der Dose. Fein geschnittenen Rosmarin einrühren. Die Sauce leise dicklich einkochen, ab und zu umrühren, damit nichts ansetzt.

3 Für die Wurstspatzen Mehl, Eier und Milch mit dem Rührlöffel (oder mit dem Knethaken der Küchenmaschine) zu einem festen, zähen Teig verarbeiten, dabei mit Salz, Pfeffer und Muskat würzen. Die Wurst in linsenkleine Würfel schneiden und zusammen mit Schnittlauchröllchen unterrühren. Diesen Teig zugedeckt 30 Minuten ruhen lassen. Erst dann durch ein Lochblech in siedendes Salzwasser drücken; falls man kein solches besitzt, mit den Fingern Nocken abzupfen. Wenn sie oben schwimmen, sind die Wurstspatzen gar. Mit einer Schaumkelle herausheben, in heißes Wasser geben, das in einer großen Schüssel danebenstehen sollte, um Stärke abzuwaschen und zu verhindern, dass die Spatzen aneinanderkleben.

4 Angerichtet wird das Linsengemüse in tiefen Tellern: zuerst die Linsen, in die Mitte ein dicker Klecks aromatische Tomatensauce und die Wurstspatzen drum herum.

GETRÄNK

Ein kellerkühler junger Rotwein, etwa aus Süditalien, zum Beispiel ein Negroamaro oder Primitivo – wie die dort üblichen Rebsorten heißen. Sehr gut passt auch ein urschwäbischer Trollinger.

Tomatensauce:
1 Zwiebel
2 EL Olivenöl
3 Knoblauchzehen
1 Dose (400 g) geschälte Tomaten (Pelati)
1 Rosmarinzweig
1 Schuss Balsamico

Wurstspatzen:
300 g Mehl
3 Eier
ca. 100 ml Milch
Salz
Pfeffer
Muskatnuss
150 g luftgetrocknete Wurst (Landjäger)
Schnittlauch

Knusprige Entenbrust auf Linsen

Ein Beweis, wie elegant man Linsen servieren kann – So wird ein delikates, feines Essen daraus. Besonders edel dafür sind die kleinen grünen Linsen oder sogar die stecknadelkopfkleinen schwarzen Linsen, die man Belugalinsen nennt. Sie schimmern tatsächlich nach dem Garen so grau wie feiner Kaviar …

ZUTATEN

Für zwei bis drei Personen:

200 g schwarze oder grüne Linsen
Salz
Pfeffer
1–2 Lorbeerblätter
2 Schalotten
2 EL Butter
1 rote Paprikaschote
1 Schuss Portwein
Petersilie

1 Die Linsen einweichen. Mit frischem Wasser aufsetzen, salzen und pfeffern, aufkochen und mit den Lorbeerblättern auf kleinem Feuer etwa 20 Minuten garen.

2 Die Schalotten fein würfeln, in der heißen Butter andünsten. Die Paprikaschote – nach Belieben mit einem Sparschäler die Haut entfernen – entkernen, die wattigen Innenwände entfernen und linsenklein würfeln. Zu den Schalotten geben und kurz mitdünsten. Salzen und pfeffern. Am Ende die Linsen untermischen und einige Minuten mitziehen lassen. Mit Portwein würzen, gehackte Petersilie unterrühren und abschmecken.

3 In der Zwischenzeit die Haut der Entenbrüste mit einem scharfen Messer kreuzweise einschneiden, sodass ein Karomuster entsteht. Mit der Haut nach unten in eine Pfanne legen und auf mittlerem Feuer ungefähr 5 Minuten langsam braten, bis die Haut wunderbar knusprig ist. Dabei die Thymianzweige daneben in die Pfanne legen, die Fleischseite salzen und pfeffern; die Brüste schließlich umdrehen und nun auch auf der Fleischseite sanft braten. Auf einem doppelt gelegten Stück Alufolie im auf 100 °C vorgewärmten Ofen 15 bis 20 Minuten nachziehen lassen, bis das Fleisch innen saftig und durch und durch rosa ist.

4 Das Entenfett abgießen und in einem Schälchen auffangen. Den Bratenfond mit Brühe ablöschen, Portwein angießen, um die Hälfte einkochen lassen und dann mit einem Stück Butter aufmixen. Diese kleine, aromatische Sauce mit Salz und Pfeffer, mit Zitronensaft, eventuell auch mit 1 Spritzer Balsamico abschmecken.

5 Die Kartoffeln pellen, in zentimeterkleine Würfel schneiden und in 2 Esslöffeln Entenfett in einer beschichteten Pfanne golden braten, dabei immer wieder die Pfanne schwenken, damit die Würfel auf allen Seiten eine schöne Färbung bekommen. Erst am Ende salzen und pfeffern.

ANRICHTEN

Die Entenbrust schräg in dünne Scheiben schneiden. In die Tellermitte jeweils ein Linsenbett häufen, die Entenscheiben dachziegelartig darauf anrichten und mit der Sauce beträufeln. Die knusprigen Kartoffelwürfel drum herumstreuen.

GETRÄNK

Für Weißweinliebhaber gibt es einen Morillon, das ist ein Chardonnay aus der Steiermark; Rotweinfans genehmigen sich einen Spätburgunder aus Rheinhessen.

Außerdem:
2 Entenbrüste (möglichst die kleineren vom weiblichen Tier, sie sind zarter; je ca. 200 g)
2 Thymianzweige
Salz
Pfeffer
125 ml Brühe
4 EL Portwein
Zitronensaft
30 g Butter
Balsamico
4 mittelgroße gekochte Kartoffeln

Küchentipp: Wie man Linsen richtig kocht

Immer wieder hört man, man dürfe Linsen nicht vor dem Garwerden salzen. Vergessen Sie diesen Satz!

Hülsenfrüchte in ungesalzenem Wasser gekocht, schmecken fad und lassen sich, entgegen der Meinung vieler, nicht nachsalzen! Das Salz kann nicht mehr richtig eindringen, wird immer obenauf sitzen. Vielleicht der Grund, warum es immer wieder Menschen gibt, die behaupten, Linsen nicht zu mögen. Also: Das Kochwasser natürlich salzen, auch zusätzlich mit Zwiebel, Wurzelgemüse sowie mit Kräutern würzen und den Linsen so ein Umfeld bieten, in dem sie sich entfalten und ihren Wohlgeschmack entwickeln können.

Aber – und das ist wichtig, damit die Linsen schön gleichmäßig garen und weich werden: Linsen niemals sprudelnd kochen! Sie enthalten – wie alle Hülsenfrüchte – viel Eiweiß, und das wird hart, wenn es heftig gekocht wird. Deshalb immer nur einmal kurz das Wasser aufkochen, dann sofort die Hitze so regulieren, dass der Siedepunkt gerade eben nicht erreicht wird. Leise ziehen lassen, bis die Linsen innen weich sind, aber dank ihrer festen Schale noch hauchzarten Biss haben. Keinesfalls dürfen sie innen noch mehlig oder gar hart sein. Wie lange sie dafür brauchen, hängt von unterschiedlichen Faktoren ab: Vor allem, ob es kleine Linsen sind, die bereits nach 20 Minuten gar sein können, oder große, die ohne Einweichen bis zu 2 Stunden und mehr brauchen können, aber auch schon nach 50 Minuten gar sind, wenn sie nicht zu alt sind. Das bedeutet: Man muss immer wieder probieren.

Esaus Lieblingslinsen

Das genaue Rezept ist ja leider im Alten Testament nicht überliefert. Vermutlich waren es jedoch rote Linsen, wie sie auch heute noch im arabischen Raum und in Asien bis nach Indien beliebt sind, also von ihrer braunen Schale befreite Linsen. Unsere Idee von dem Linsengericht, für das Esau sein Erstgeburtsrecht hergab, sieht so aus:

1 Zuallererst die Zwiebelringe frittieren: Dafür die Zwiebeln schälen, auf dem Gurkenhobel in gleichmäßig dünne Ringe hobeln. In einer Schüssel mit dem Mehl mischen, dann in einem Sieb gut schütteln, damit alle Ringe von einem hauchzarten Mehlfilm überzogen sind.

2 Im heißen Öl – am besten im Wok – schwimmend zuerst blassbraun frittieren. Herausheben und abkühlen lassen, schließlich noch ein zweites Mal, jetzt goldbraun, frittieren. Auf Küchenpapier ausbreiten und abtropfen. So kann man die Zwiebelringe schon lange vorher zubereiten. Sie bleiben wunderbar kross.

ZUTATEN

Für vier Personen:

1 große Zwiebel (ruhig eine rote!)
2 EL Olivenöl
3–4 Knoblauchzehen
1 gehäufter TL gemahlener Bockshornklee oder Raz el Hanout
1–2 frische Chilischoten
(oder 1 große getrocknete)
250 g rote Linsen
ca. 500 ml Brühe
Salz
Pfeffer
Minze oder Koriandergrün

Frittierte Zwiebelringe:
2 Zwiebeln
50 g Mehl zum Bestäuben
Öl zum Frittieren

Außerdem:
250 g Hähnchenbrust
1 TL Speisestärke
2 EL Olivenöl
1 TL Raz el Hanout
Salz
Pfeffer
1 Spritzer Balsamico

3 Für das Linsengemüse die Zwiebel fein würfeln und im Öl andünsten. Den gehackten Knoblauch und den Bockshornklee oder die orientalische Gewürzmischung Raz el Hanout hinzugeben. Dann fein gewürfelte, entkernte Chilis (getrocknete Chili entkernen und grob zerkrümeln) hinzufügen. Die Linsen dazugeben und sofort mit der Brühe ablöschen. Salzen, pfeffern und aufkochen, die Hitze auf kleinste Stufe schalten und die Linsen in wenigen Minuten sanft gar ziehen lassen. Sie sind sehr schnell weich, man muss aufpassen, dass sie nicht zerfallen. Kurz vor dem Servieren einen Teil der zerzupften Minze- oder Korianderblätter untermischen.

4 In der Zwischenzeit das Hähnchenfleisch quer in sehr feine Streifen schneiden. Mit Speisestärke einreiben. In einer großen Pfanne (oder im Wok) im heißen Öl rasch unter Rühren 1 bis 2 Minuten braten. Das Gewürzpulver darüberstäuben, salzen und pfeffern. Mit einem Spritzer Balsamico würzen, alles nochmals gründlich umherwirbeln und mischen. Vom Herd ziehen, erst dann die restlichen Minze- oder Korianderblätter untermischen.

BEILAGE

Es genügt einfach Weißbrot, gut schmeckt auch körniger Reis.

ANRICHTEN

In die Tellermitte ein Reistürmchen setzen, drum herum die orangefarbenen Linsen geben, die gebratenen Hähnchenbruststreifen obenauf mit reichlich zerzupftem Koriandergrün und die knusprigen Zwiebelringe dazwischen verteilen.

GETRÄNK

Welchen Wein mag Esau dazu getrunken haben? Eventuell einen Muskateller, denn diese Rebsorte war schon zur Zeit der Pharaonen in Ägypten verbreitet, möglicherweise auch in Palästina. Vielleicht gab's aber auch Tee aus frischen Minzeblättern?

Resteverwertung: Linsenbällchen

Ein köstlicher, knuspriger Happen zum Glas Wein. Zum Beispiel aus einem Rest dieser roten Linsen.

1 Die Linsen garen, wie oben beschrieben. Fein gewürfelte Zwiebel in Öl andünsten, den gehackten Knoblauch dazugeben. Ebenso die fein gewürfelte Chilischote. Das Brot würfeln und in der lauwarmen Milch einweichen.

2 Hackfleisch, gedünstete Zwiebel, ausgedrücktes Brot, fein gehackte Petersilie und zerdrückte Linsen gründlich mischen. Mit Salz, Pfeffer, Raz el Hanout und Paprika sehr kräftig abschmecken.

3 Mit angefeuchteten Händen kleine Bällchen daraus formen und in Öl schwimmend ausbacken. Auf Küchenpapier abtropfen lassen.

4 Für den Joghurtdip alles miteinander glatt rühren, am Ende feine Schnittlauchröllchen oder die sehr fein geschnittene Frühlingszwiebel und nach Belieben etwas Knoblauch einrühren.

GETRÄNK

Ein Winzersekt – oder auch ein Blanc de Noirs, also ein Spätburgunder, der weiß gekeltert wurde.

ZUTATEN

Für vier bis sechs Personen:

½ Portion rote Linsen
(wie oben beschrieben)
1 rote Zwiebel
2 EL Olivenöl
2–3 Knoblauchzehen
eventuell 1 kleine Chilischote
½ Brötchen oder 1 Weißbrotscheibe
100 ml Milch
250 g Hackfleisch beliebiger Sorte
Petersilie
Salz
Pfeffer
Raz el Hanout und Paprikapulver
Öl zum Ausbacken

Joghurtdip:
200 g Naturjoghurt
Salz
Pfeffer
einige Tropfen Zitronensaft
Schnittlauch oder 1 Frühlingszwiebel
eventuell etwas geriebener oder sehr fein gehackter Knoblauch

Kaninchen

Ein Kaninchen:

Fünf Gerichte für Liebhaber

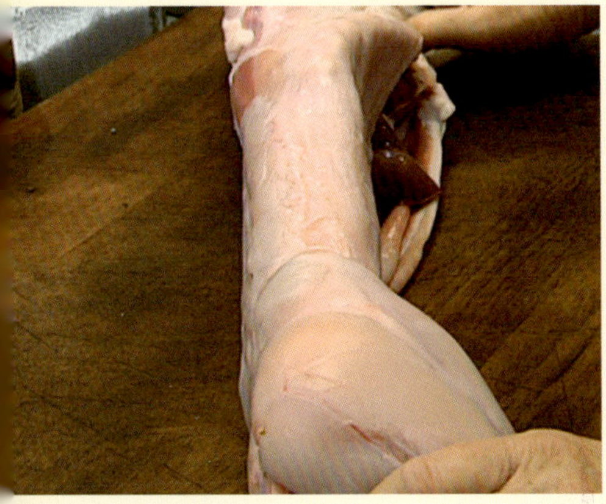

Ein Kaninchen und fünf ganz unterschiedliche Gerichte daraus? Das klingt unwahrscheinlich? Wir werden es Ihnen beweisen. Zunächst müssen wir es natürlich erst einmal zerlegen – ein Kaninchen im Ganzen ins Rohr zu schieben, ist keine gute Idee. Die einzelnen Teile haben nämlich völlig unterschiedliche Garzeiten. Manche Teile sind sehr groß und fleischig, wie die Keulen, die Vorderläufe hingegen mager und knochig, und die Bauchlappen bieten nur ganz wenig Fleisch. Klar, dass dann bei Tisch jeder nur die Keulen mit viel saftigem Fleisch begehrt oder den Rücken mit dem zarten Filet. Deshalb zeigen wir Ihnen hier, wie man aus jedem Teil Vorzügliches herausholen kann.

Wie man ein Kaninchen zerlegt

Falls der Händler das nicht für einen erledigt (oder das Kaninchen nicht bereits in Teilen in seiner Verpackung liegt), muss man selbst wissen, wie man ein Kaninchen zerlegt. Im Prinzip ist das nicht schwer, man muss sich einfach der Anatomie entlangarbeiten:

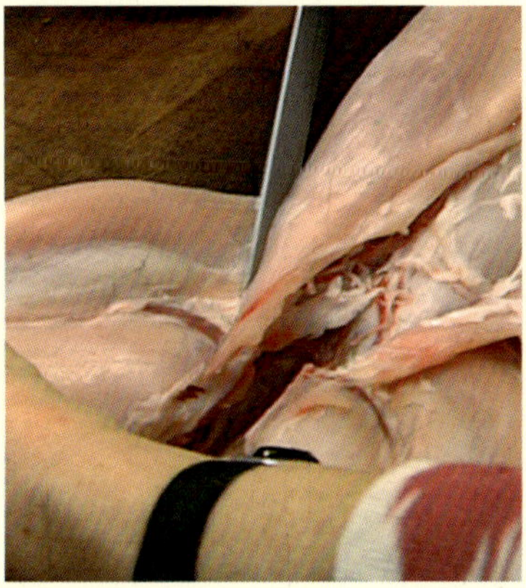
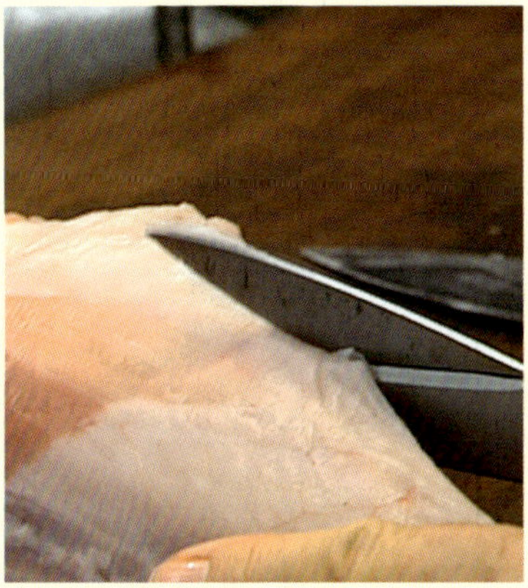

1. Beide Bauchlappen werden entlang der Rippen und des Rückens abgeschnitten. (Wir verwenden sie für das Kaninchenschmalz.)
2. Dann die Keulen mit dem Schwänzchen vor den Hüftknochen abtrennen. Jetzt lassen sich die Keulen links und rechts vom Schwanz abbrechen und vollends abschneiden.
3. Nun sucht man die hinterste Rippe und schneidet, von außen an ihr entlang, durch das Rückgrat an der anderen Rippe entlang das Rückenstück ab.
4. Jetzt die Rückenfilets auslösen– auch die echten Filets an der Unterseite der Rückenknochen. Beides ist gut zum Kurzbraten, zum Beispiel für einen eleganten Vorspeisensalat, zum chinesischen Pfannenrühren oder für die kleinen Schnitzelchen.
5. Die übrige Karkasse wird zusammen mit Wurzelwerk zu einer Brühe ausgekocht.
6. Kaninchenfett gehört zu den wenigen Dingen, mit denen man in der Küche nichts anfangen kann, denn es hat eine talgige Konsistenz und ist ohne jeden Geschmack. Also restlos entfernen.

Kaninchenschmalz

Aus den Vorderläufen und Bauchlappen lässt sich dieser fabelhafte Aufstrich herstellen. Sie werden zusammen mit sehr fettem Schweinefleisch und Wurzelwerk so lange leise gekocht, bis das Fleisch geradezu zerfällt. Rillettes sagt man in Frankreich zu dieser Fleischcreme; sie schmeckt köstlich auf geröstetem Brot.

ZUTATEN

Für sechs Personen:

2 Kaninchenvorderläufe und die Bauchlappen (ca. 400 g)
je 1 Tasse fein gewürfelte Möhre, Sellerie und Zwiebel
3 Knoblauchzehen
1 Kräuterstrauß aus Thymian, Lorbeer, 1 Stück Lauch und Petersilienstielen
250 ml Weißwein (z. B. ein Riesling)
300 g sehr fettes Schweinefleisch in Würfeln (Bauch oder Hals)

Gewürzmischung für helles Fleisch:
1 gehäufter TL Salz
1 TL Zucker
je 1 EL weiße und schwarze Pfefferkörner
2 EL getrockneter Majoran
1 EL Kümmel
1 TL Senfkörner

1 Die Kaninchenteile in einen möglichst genau passenden Topf schichten. Das Gemüse und den Kräuterstrauß dazwischen verteilen, 250 Milliliter Wasser angießen, zum Kochen bringen und dann auf kleinem Feuer etwa 10 Minuten zugedeckt leise köcheln lassen, bis das Gemüse weich ist. Erst jetzt den Wein angießen und das in Würfel geschnittene Schweinefleisch sowie etwa 2 Teelöffel der Gewürzmischung hinzufügen.

2 Dafür alle Zutaten im Mörser oder im Mixer zu feinem Pulver zermahlen. Den Rest in ein Schraubglas füllen – passt immer zu hellem Fleisch, wie Kalb oder Geflügel oder eben Kaninchen.

3 Schließlich den Deckel schräg aufsetzen, sodass ein kleiner Schlitz bleibt, durch den Dampf entweichen kann. Etwa 1 ½ bis 2 Stunden leise köcheln lassen – ruhig auch länger, denn das Fleisch soll geradezu vom Knochen fallen.

4 Dann den Kräuterstrauß herausfischen und wegwerfen, das Kaninchenfleisch sorgfältig von den Knochen lösen. Zurück in den Topf geben und mit dem Wurzelwerk mit einer Gabel zerdrücken, dabei innig vermischen; oder auch Fleisch und Gemüse auf einem Arbeitsbrett mit einem Messer hackend mischen. Bitte nicht den Mixer oder Pürierstab dafür verwenden, sonst wird die Sache zu fein zermust. Es sollten Stückchen spürbar bleiben.

5 Die Creme gut abschmecken, in einen Steinguttopf oder eine hübsche Terrine füllen, mit dem ausgetretenen Fett bedecken (falls das Fleisch nicht fett genug war, zusätzliches Schweine- oder Gänseschmalz auflösen und auf der Oberfläche verteilen – nur solange diese Fettschicht geschlossen ist, bleibt das Kaninchenschmalz frisch!) und kalt stellen.

SERVIEREN

Auf Crostini streichen und zum Aperitif reichen.

Tipp für die Crostini: Sie müssen keineswegs frisch aus dem Ofen kommen – denn auf den warmen Brotscheiben schmilzt das Schmalz und das sieht nicht schön aus. Machen Sie doch einfach Crostini gleich für den Vorrat: Von einem Baguette sehr dünne, nur 2 bis 3 Millimeter dicke Scheiben schneiden, nebeneinander auf ein Blech breiten und bei 170 °C (Heißluft; Ober-/Unterhitze 190 °C) ca. 6 bis 8 Minuten rösten. Damit sich die Scheiben nicht verziehen und wölben, dabei mit einem zweiten Blech abdecken.
Die Crostini abkühlen lassen – sie sind auch kalt ein Genuss, knusprig und rösch.

GETRÄNK

Ein Aperitif-Champagner oder ein guter Winzersekt.

Tipp

Wichtig ist, auch später eine schützende Fettschicht an der Oberfläche stets geschlossen zu halten. Dann hält das Kaninchenschmalz im Kühlschrank wochenlang. Das bedeutet: Sobald man etwas entnommen und deshalb die Oberfläche geöffnet hat, den Topf anschließend so lange in die Mikrowelle oder in den Ofen stellen, bis das Schmalz wieder geschmolzen und alles gleichmäßig bedeckt ist.

Kaninchenragout mit Blumenkohl & Broccoli

ZUTATEN

Für vier Personen:

2–4 Kaninchenkeulen (ca. 800 g)
2 EL Olivenöl
1 TL chinesisches Sesamöl
Salz
Pfeffer
2 Zwiebeln
3 Knoblauchzehen
1 walnussgroßes Stück Ingwer
1 Zitronengraskolben
2–3 rote Chilis
1–2 TL rote thailändische Currypaste
1 EL Fischsauce
Saft von ½ Zitrone
etwas abgeriebene Zitronenschale
1 gehäufter TL Zucker
400 ml Kokossahne (Kokosmilch)
etwas Brühe
½ kleiner weißer und ½ lila Blumenkohl
300 g Broccoli

Kräuter:
Thaibasilikum
Koriandergrün

Schön scharf gewürzt mit roter Thaicurrypaste (aus dem Asienladen) und mit Kokossahne besänftigt. Mit möglichst buntem Blumenkohl, weiß, grün oder lila, sowie grünen Broccoliröschen, und natürlich mit reichlich duftenden Thaikräutern.

1 Die Kaninchenkeulen im heißen Öl in einem flachen, breiten Schmortopf rundum schön langsam kräftig anbraten, salzen und pfeffern. Die gehackten Zwiebeln dazufügen, den zerdrückten Knoblauch, den fein gewürfelten Ingwer, das ganz fein geschnittene Zitronengras und die entkernten gehackten Chilis.

2 Currypaste mitbraten, alles mit Fischsauce beträufeln. Zitronensaft und -schale unterrühren und den Zucker. Schließlich die Kokossahne (auch Kokosmilch genannt; am besten aus dem Tetrapak, nicht aus der Dose – die ist oft gezuckert) angießen, alles zugedeckt auf kleinem Feuer oder im Backofen bei 130 °C (Heißluft; Ober-/Unterhitze 150 °C) ca. 1 Stunde schmurgeln lassen. Die Zwiebeln sollten sich jetzt nahezu aufgelöst haben, die Sauce schön dick und kräftig sein. Eventuell einen Schuss Brühe zufügen.

3 Die Keulen herausheben und etwas abkühlen lassen. Das Fleisch von den Knochen lösen und in kleine Würfel schneiden. Knochen und Abschnitte in den Suppentopf füllen (siehe Rezept Klare Brühe).

4 In der Zwischenzeit den Blumenkohl zerlegen, die Röschen abschneiden und in Salzwasser etwa 6 Minuten lang bissfest kochen. Die Stiele vom weißen Kohl klein schneiden, in den Topf mit dem Curry geben und darin absolut weich kochen. Zarte Stiele von Thaibasilikum und vor allem die Wurzel vom Koriander klein hacken und mitkochen. Broccoliröschen werden ebenfalls blanchiert. Dessen Stiele in feine Scheibchen oder Würfel schneiden und mit den Röschen bissfest kochen – eiskalt abschrecken, damit sie schön grün bleiben.

5 Den Bratenfond im Topf mit den weich gekochten Blumenkohlstielen glatt mixen. Diese nunmehr cremige Sauce kräftig abschmecken. Zum Schluss unzerkleinerte Blätter von Thaibasilikum und Koriandergrün unterrühren und Kaninchenwürfel, Blumenkohl sowie Broccoli darin erwärmen.

BEILAGE

Duftiger Reis – am besten thailändischer Jasmin- oder Duftreis.

GETRÄNK

Ein Weißburgunder, wir haben dazu einen besonders üppigen vom Weingut Wittmann aus Rheinhessen getrunken.

Mini-Wiener-Schnitzel vom Kaninchenrücken

Sehr delikat und obendrein bildschön, diese kleinen Schnitzelchen – ein feiner und eleganter Appetithappen oder, zusammen mit einem Kartoffelsalat, ein hübscher Imbiss.

ZUTATEN

Für zwei bis drei Personen:

1 Kaninchenrücken
Salz
Pfeffer
Muskatnuss
2 gehäufte EL Mehl
1 Ei
3 EL Semmelbrösel
Öl oder Butterschmalz zum Ausbacken

Kartoffelsalat:

600 g festkochende Kartoffeln
1 rote Zwiebel
2 Frühlingszwiebeln
3–4 EL heiße Fleischbrühe
Salz
Pfeffer
2–3 EL aromatischer Essig (z. B. Apfelessig)
2 EL Olivenöl
eventuell 1 Handvoll Gartenkresse

1 Die Rückenfilets von den Knochen lösen. Diese Knochen und alle Abschnitte in den Suppentopf füllen (siehe Rezept Klare Brühe).
Die Rückenfilets quer in gut fingerdicke Scheiben schneiden, die echten Filets für den Salat beiseite legen.

2 Die Rückenfilets mit der breiten Schneide eines großen Messers oder mit einem Fleischklopfer flach drücken. Mit Salz, Pfeffer und einem Hauch Muskat würzen, dann zuerst in Mehl wenden, anschließend durch das mit Salz, Pfeffer und Muskat verquirlte Ei ziehen und schließlich im Paniermehl drehen, sodass das Fleisch überall gleichmäßig davon überzogen ist. Im Asialaden kann man zum Panieren „Panko" kaufen, das sind flockigere Brösel, die eine wunderbar knusprige Kruste ergeben.
Tipp: Diese Panierung gut festdrücken, dann die Schnitzelchen in zentimeterhohem Öl oder Butterschmalz schwimmend auf beiden Seiten golden ausbacken. Auf Küchenpapier gut abtropfen lassen. Zum Kartoffelsalat reichen.

3 Dafür die Kartoffeln schon 1 Stunde vorher in der Schale gar kochen, etwas ausdampfen lassen, dann pellen, in dünne Scheiben schneiden und in eine Schüssel geben. Die sehr fein gewürfelte rote Zwiebel und die in feine Scheibchen geschnittenen Frühlingszwiebeln zufügen. Alles mit Fleischbrühe benetzen, Salz, Pfeffer und Essig zufügen. Gründlich mischen und erst jetzt das Öl sowie die Kresse, falls gewünscht, untermischen. Die angerichteten Teller nun mit einem Zitronenschnitz garnieren, damit jeder selbst nachwürzen kann.

GETRÄNK

Ein frisches Pils oder ein herzhafter Weißwein, ein Riesling aus der Pfalz oder auch aus Württemberg.

Klare Brühe mit Eierstich und buntem Gemüse

In einer guten Küche wird nichts weggeworfen. Wir haben ja bisher alle Abschnitte und Knochen vom Kaninchen in einen Topf gefüllt, auch die Gemüseabschnitte. So wird ganz leicht eine fabelhafte Suppe daraus.

1 Knochen und Abschnitte samt Gemüse in einen Suppentopf füllen und handbreit mit Wasser bedecken. Vom Gemüse die schönen Teile hübsch zuschneiden: entweder in streichholzfeine Streifen, in gleichmäßige Würfel oder in feine Rauten. Zunächst beiseite legen und nur die Abschnitte in den Suppentopf geben. Gewürze zufügen und leise etwa 2 Stunden köcheln lassen – nicht sprudelnd kochen, sonst wird die Suppe trüb.

2 Für den Eierstich die Zutaten miteinander verquirlen, in einen Gefrierbeutel füllen, diesen mit einer Klammer oder mit einem Vakuumgerät verschließen. Im Wasserbad unter dem Siedepunkt in ca. 8 Minuten stocken lassen. Im Wasserbad abkühlen lassen. Erst dann aus dem Beutel nehmen und in Würfel schneiden.

3 Am Ende die Brühe durch ein Sieb filtern und abschmecken. Die Gemüsescheibchen oder -streifen in Salzwasser in wenigen Minuten sanft bissfest köcheln.

4 In Suppentassen anrichten, die Eierstichwürfel zufügen, eventuell einige Schnittlauchröllchen darüberstreuen und heiß servieren.

BEILAGE
Dazu ein Stück Weißbrot.

GETRÄNK
Zur Suppe braucht man keins.

ZUTATEN
Für zwei bis vier Personen:

Abschnitte, Sehnen und Häute sowie Knochen von 1 oder 2 Kaninchen
je 1 Zwiebel, Möhre und Lauchstange
1 Stange Bleichsellerie oder
1 Stück Sellerieknolle
1 TL Pfefferkörner
2 Lorbeerblätter
einige Petersilienstiele
Schnittlauch

Eierstich:
2 Eier
Salz
Pfeffer
Muskatnuss
1–2 EL geriebener Parmesan

Feiner Salat mit Kaninchenleber und Nierchen

Einer von diesen bunten Vorspeisensalaten, die jedes Menü besonders festlich beginnen lassen.

1 Die Salatblätter waschen, in Stücke zupfen oder in fingerbreite Streifen schneiden. Für die Marinade die Zutaten mit einem Schneebesen verquirlen. Die Salatblätter nur ganz kurz in der Marinade wenden, sofort gut abtropfen lassen und auf Vorspeisentellern dekorativ ausbreiten. Nicht lange in der Marinade liegen lassen, weil die Blätter sonst ihre Knackigkeit verlieren.

2 Die Leber, Nierchen und Filets säubern, alle Häute und Sehnen herausschneiden und entfernen. Die Lebern in ihre natürlichen Hälften teilen. Die Filets schräg in 2 bis 3 Stücke schneiden und mit der Stärke einreiben.

3 Schließlich eine Pfanne leer erhitzen, die Pinienkerne darin rösten. Dabei die Pfanne immer wieder rütteln und schütteln, damit die Kerne rösten, aber nicht zu dunkel werden.

ZUTATEN

Für zwei bis vier Personen:

3–4 Handvoll bunte gemischte Salatblätter (Radicchio in allen Farben, Kopfsalat, Frisée, Chicorée, Lollo rosso etc.)

Marinade:
1 EL Senf
Salz
Pfeffer
2 EL Zitronensaft
3 EL Olivenöl
eventuell 1 Schuss Brühe
einige Tropfen Balsamico

Außerdem:
1 Kaninchenleber
2 Kaninchennierchen
2 echte Kaninchenfilets (die inneren)
¼ TL Speisestärke
2 EL Pinienkerne
2 EL Olivenöl
Salz
Pfeffer
einige Spritzer Zitrone
etwas abgeriebene Zitronenschale
1–2 EL Balsamico
einige Petersilienstiele

4 Beiseite stellen, dann das Öl in der Pfanne erhitzen, zuerst die Lebern und die Nierchen sehr heiß auf beiden Seiten nur 30 Sekunden anbraten, dann die Filetstücke hinzufügen, die Hitze reduzieren und ebenfalls unter häufigem Drehen 1/2 Minute mitbraten. Salzen, pfeffern, mit Zitronensaft und Zitronenschale würzen.

5 Den Herd abstellen, Balsamico über alles träufeln, fein gehackte Petersilie dazugeben, die Pfanne rütteln und schütteln, die Innereien so drehen und wenden, dass sie rundum vom Bratensaft überzogen sind. Auf dem Salatbett anrichten und die Pinienkerne darüber verteilen.

BEILAGE
Knuspriges Baguette.

GETRÄNK
Ein kraftvoller, großartiger Burgunder aus Burgund, zum Beispiel ein üppiger Chardonnay.

Quark, Schichtkäse & Topfen

Kochen und Backen – sogar Getränke mit Quark

Süß oder herzhaft – immer unwiderstehlich!

Wenn der Frühling in Sichtweite kommt, wünscht man sich eher leichte Genüsse, nicht nur, weil vielleicht nach der langen Winterzeit der Gürtel kneift. Da sind Quark und seine österreichische Variante, der Topfen, einfach ideal: Sie bringen Frische auf den Tisch, liefern wertvolles Eiweiß, Mineralien und Spurenelemente, sind vielseitig zu verwenden und schmecken, süß genauso gut wie herzhaft, einfach immer köstlich!

Schinkentaschen

Mit einer herzhaften Füllung sind die Quarktaschen ein wohlschmeckender Happen zum Begrüßungssekt, sie schmecken zum Glas Wein, zwei oder drei davon sind auch, zusammen mit einem Salat, ein netter kleiner Imbiss, etwa zum Bier.

1 Den Zucchino halbzentimeterklein würfeln, Zwiebel und Knoblauch sehr fein würfeln. Zuerst Zucchini und Zwiebel im heißen Öl anbraten, dann Knoblauch und sehr fein gewürfelte Chili hinzufügen und bei etwas geringerer Hitze mitdünsten. Salzen und pfeffern.

2 Den Schinken zentimeterklein würfeln und mit den fein gehackten Kräutern und abgekühlten Zucchini vermischen. Diese Mischung unter den Quark rühren, das Ei trennen, das Eigelb ebenfalls untermischen und alles sehr kräftig würzen.

3 Die Teigblätter voneinander trennen – vorsichtig, damit sie nicht zerreißen. Jeweils einen gut gehäuften Löffel Füllung auf eine Ecke setzen, den Teig rundum mit Eiweiß einpinseln. Die leere Teigfläche über die Füllung klappen, sodass ein Dreieck entsteht, und rundum gut zudrücken.

4 In heißem Schmalz schwimmend knusprig ausbacken und auf Küchenpapier abtropfen lassen.

BEILAGE

Nach Belieben ein Salat. Oder auch ein **Senf-Quark-Dip** zum Stippen: 2 EL süßer Senf, 2 EL saure Sahne und 1 EL Quark miteinander glatt rühren. Gehackte Kräuter (z.B. Schnittlauch, Dill und Kerbel) unterrühren und nach Belieben auch eine winzig klein gehackte rote Chilischote.

ZUTATEN

Für vier bis sechs Personen:

1 mittelgroßer Zucchino (ca. 200 g)
1 Zwiebel
2 Knoblauchzehen
2 EL Olivenöl
1 Chilischote
Salz
Pfeffer
100 g gekochter Schinken
(in 3 dicken Scheiben)
Petersilie
Dill
Kerbel oder Basilikum
250 g Magerquark (mindestens 1 Tag lang in einem Sieb abgetropft)
1 Ei
nach Belieben etwas abgeriebene Zitronenschale
½ TL Currypulver oder Raz el Hanout
20 Frühlingsrollenhüllen
(gut erhältlich im Asialaden)
Butterschmalz zum Ausbacken

Knusprige Apfel-Quark-Ecken

ZUTATEN

Für vier bis sechs Personen:

2 EL Rosinen
2 EL Rum oder Zitronenlikör
2 Äpfel
Saft und abgeriebene Schale von ½ Zitrone
2 EL Butter
2 EL Zucker
2 EL gehackte Mandeln
250 g Magerquark (10 % Fett i.Tr. – mindestens 1 Tag lang in einem Sieb abgetropft)
1 Eigelb
20 Frühlingsrollenhüllen (10 x 10 cm)
Eiweiß zum Einpinseln
ca. 500 ml neutrales Öl (Erdnuss-, Sonnenblumen- oder Rapsöl) oder 500 g Butterschmalz zum Ausbacken
Puderzucker zum Bestäuben

Himbeersauce:
1 Paket TK-Himbeeren
2–3 EL Zucker

Diesmal brauchen wir den Teig für unsere Quarktaschen gar nicht erst mühsam herzustellen, wir greifen einfach zu Fertigware. Wir kaufen als Hülle für die Quarktaschen Frühlingsrollenteig aus dem Asienladen. Daraus werden wunderbar knusprige Täschchen entstehen. Die kann man einfach aus der Hand zum Kaffee knuspern. Oder mit einer Himbeersauce elegant auf einem Teller anrichten und als Dessert servieren.

1 Rosinen in einem Schälchen mit Rum oder Zitronenlikör bedecken und einweichen. Die Äpfel schälen, vierteln, vom Kerngehäuse befreien, zentimeterklein würfeln. Damit alles schön hell bleibt und sich nicht verfärbt, mit Zitronensaft umwenden. In einer Pfanne in der heißen Butter anbraten. Sobald die Äpfel etwas Farbe angenommen haben, mit Zucker bestreuen und mit der abgeriebenen Zitronenschale würzen. Rosinen und Mandeln dazugeben und mitdünsten. Unter den möglichst trockenen Quark rühren (diesen am besten bereits am Vortag in einem mit einem Blatt Küchenpapier ausgelegten Sieb über einer Schüssel im Kühlschrank abtropfen lassen!), dabei auch das Eigelb gut einarbeiten.

2 Jedes Teigblatt rundum mit Eiweiß einpinseln, auf eine Ecke jeweils gut 1 Teelöffel der Füllung setzen, die leere Ecke darüberlegen und rundum gut zusammendrücken. Darauf achten, dass womöglich dabei eingeschlossene Luft entweicht.

3 Diese Dreiecke in heißem Öl oder Butterschmalz schwimmend – portionsweise! – golden ausbacken, auf Küchenpapier gut abtropfen lassen. Die knusprigen Teigtaschen mit Puderzucker bestäuben und noch warm servieren.

4 Für ein Dessert eine Himbeersauce zubereiten: Die Himbeeren mit Zucker vermischen und auftauen. Dann durch ein Sieb streichen, um alle Kerne aufzufangen. Zwei bis drei der Apfelecken jeweils in der Mitte eines Desserttellers anrichten, die Himbeersauce elegant danebenklecksen. Restliche Sauce in einer Sauciere dazureichen.

GETRÄNK

Kaffee oder Espresso zu den Apfeltaschen als Gebäck. Zum Dessert passt ein Apfelbrand.

Warenkunde

Quark, Schichtkäse oder Topfen

Im Prinzip ist alles dasselbe, aber eben nur im Prinzip: Quark ist cremig verrührt, oft sogar mit Joghurt „verfeinert“, wie das Etikett verkündet. Schichtkäse dagegen, wie der Name schon sagt, schichtweise in Bottiche gelegt. Diese unterschiedliche Behandlung hat Einfluss auf die Konsistenz und damit auch auf den Geschmack. In Österreich nennt man die Sache Topfen, und es gibt ihn sogar in verschiedenen Konsistenzen: von cremig-frisch bis lange abgetropft und regelrecht bröselig. Denn: Je trockener der Topfen, also bröseliger, desto mehr kann man damit anfangen und ihn in der Küche verarbeiten. Statt Milch, Joghurt, Molke oder Wasser, die die weiße Masse geschmeidig oder weich machten, kann man dann – je nach Rezept – Ei, Butter und aromatische Essenzen, Früchte oder Alkoholika untermischen, um die nötige Konsistenz zu erzielen.

In jedem Fall handelt es sich um Milch, die mit Lab zum Gerinnen gebracht wurde, im Grunde also um die erste Stufe zum Käse. Deshalb nennt man das Produkt auch Frischkäse, in manchen Gegenden (Süddeutschland) Weißkäse oder „Bibbeleskäs“ (wie im Badischen, wo man den köstlichen weißen Käse gern den „Bibbele“, den jungen Küken gab, um sie aufzupäppeln).

Anders als in Österreich, wo man bereits gut abgetropften Quark (Bröseltopfen) kaufen kann, müssen wir unseren Quark immer schon ein paar Tage vor der Verwendung aus seiner Verpackung nehmen und abtropfen lassen. Man staunt dann, wie viel Flüssigkeit sich da in der Schüssel sammelt. Wichtig: Das Sieb unbedingt mit einem Blatt Küchenpapier oder mit einem Mulltuch auslegen! Und diese Molke natürlich nicht wegschütten! Darin stecken jede Menge wichtiger Mineralien und Inhaltsstoffe, außerdem schmeckt diese Molke gut gekühlt herrlich erfrischend und löscht den Durst.

Pikanter Brotaufstrich aus Quark

Im Anrühren von Brotaufstrichen sind die Österreicher Weltmeister, und Quark ist häufig die Basis. Aber natürlich kann man einen solchen Aufstrich statt auf einer krumigen Scheibe herzhaftem Bauernbrot oder herzhaftem Vollkornbrot auch zusammen mit Pellkartoffeln verspeisen – ein schnelles, aber köstliches kleines Essen!

1 Die Eier nicht ganz hart kochen, etwa 7 bis 8 Minuten. Abschrecken, pellen und klein würfeln. Den Quark unterdessen mit der Milch (Sahne) glatt rühren. Die fein gehackten Kräuter, die in feine Scheibchen geschnittenen Frühlingszwiebeln und reichlich frisch geriebenen Meerrettich (nach Gusto!) unterrühren.

2 Jetzt auch die Eier untermischen und den Quark mit Salz, Pfeffer und Paprikapulver würzen. Mit Zitronensaft und -schale abschmecken. Erst am Ende, wer mag, die winzigen Kapern unterrühren – falls sie nicht wirklich winzig, also höchstens stecknadelkopfgroß sind, mit einem Messer fein hacken.

BEILAGE
Bauern- oder Vollkornbrot. Wenn's gefällt, dekoriert mit Streifen von Spitzpaprika.

GETRÄNK
Gut gekühlte Buttermilch!

ZUTATEN
Für vier Personen:

2 Eier
250 g Quark
2–3 EL Milch oder Sahne
1 Tasse Kräuterblätter
(glatte Petersilie, Schnittlauch
Liebstöckel, Dill, Kerbel)
2 Frühlingszwiebeln
1 Stück Meerrettichwurzel
Salz
Pfeffer
1 TL Paprikapulver
Saft und abgeriebene Schale
von ½ Zitrone
eventuell 1 gehäufter EL kleine Kapern
1 gelbgrüner Spitzpaprika

Tipp
Der Quarkaufstrich passt auch gut zu frisch gekochten Pellkartoffeln, eventuell auch blaue oder rote. Das sieht nicht nur schön aus, solche Kartoffelspezialitäten schmecken auch wunderbar!

Topfen-Mohnnudeln

ZUTATEN

Für vier bis sechs Personen (je nachdem, ob ein süßes Hauptgericht oder ein Dessert):

Topfenteig:
500 g Topfen (Magerquark oder Schichtkäse, abgetropft ca. 350–400 g)
30 g zimmerwarme Butter
30 g Zucker
2 Eier
1 Eigelb
1 Tütchen oder 1 gehäufter TL Vanillezucker
1 Prise Salz
etwas abgeriebene Zitronenschale
1 EL Marillenbrand (Aprikosenbrand)
80 g Weißbrotbrösel oder Semmelbrösel (kein fertiges Paniermehl!)

Zum Schwenken:
100 g Butter
70 g frisch gemahlener Mohn
1 gehäufter EL Zucker

Bei diesem Rezept ist die österreichische Herkunft unübersehbar: Es ist ein klassischer Topfenteig; statt runder Knödel formen wir jedoch längliche schmale Nudeln, etwa wie badische Schupfnudeln oder Bubespitzle. Sie werden in Salzwasser gegart und zum Servieren dann noch in einer Mischung aus geschmolzener Butter, die mit Mohn und Zucker vermischt ist, gewendet, bis sie dick davon überzogen sind. Das schmeckt umwerfend gut!

1 Den Topfen (Magerquark/Schichtkäse) gründlich abtropfen lassen. Dann Butter und Zucker mit dem Handrührer oder der Küchenmaschine zu einer hellen, dicken Creme schlagen, die ganzen Eier und das Eigelb zufügen. Vanillezucker, Salz, abgeriebene Zitronenschale und Marillenbrand unterrühren. Schließlich auch die Brösel. Diese Masse 30 Minuten ruhen und quellen lassen.

2 Dann zwischen den angefeuchteten Handflächen kleinfingerlange Nudeln rollen, die an den Enden spitz zulaufen. In leise siedendem Salzwasser etwa 6 bis 8 Minuten ziehen lassen. Mit einer Schaumkelle herausheben und auf Küchenpapier abtropfen lassen. Bis dahin lassen sich die Mohnnudeln gut vorbereiten.

3 Vor dem Servieren in einer großen Pfanne die Butter schmelzen, Mohn und Zucker dazufügen und gut mischen. Die Nudeln darin drehen und wenden, am besten immer wieder an der Pfanne rütteln, um die Nudeln in Schwung zu versetzen, bis sie dick davon überzogen sind. Übrigens, Mohn lässt sich leichter im Mixer zerkleinern, wenn man etwas Zucker mitmixt.

4 Für die Quark-Sahne-Sauce den Quark mit Zitronenschale, Zucker und flüssiger Sahne glatt rühren. Die steif geschlagene Sahne unterziehen.

5 Zum Anrichten jeweils einen großzügig bemessenen Löffel dieser Creme auf jedem Dessertteller verstreichen, die Nudeln darauf hübsch anrichten. Mit Klecksen von Fruchtsaucen dekorieren und Puderzucker darüberstäuben.

6 Für diese Saucen die Früchte jeweils nach Gusto zuckern, mit einigen Spritzern Zitronensaft, eventuell sogar mit einem Schuss passendem Likör glatt rühren und dann durch ein Sieb streichen.

GETRÄNK

Entweder ein lieblicher Wein, zum Beispiel aus Österreich, oder eine Beerenauslese vom Neusiedlersee, etwa aus Rust.

Quark-Sahne-Sauce:
200 g Magerquark
etwas abgeriebene Zitronenschale
1 gehäufter EL Puderzucker
2 EL flüssige Sahne
200 g geschlagene Sahne

Außerdem:
200 g dunkle Waldbeeren
200 rote Beeren
3–4 EL Zucker
einige Tropfen Zitronensaft
eventuell ein passender Obstlikör zum Würzen

Apfel-Melisse-Cooler

Für alle, die keinen Alkohol mögen, empfehlen wir einen fruchtigen, nicht zu süßen Apfeldrink.

Alle Zutaten in einen Mixbecher füllen und mit dem Stabmixer glatt mixen, bis nur noch winzige Eisstückchen vorhanden sind. In einem hohen Longdrinkglas mit Strohhalm servieren. Ist wunderbar erfrischend und löscht den Durst.

ZUTATEN

Pro Person:

250 ml Apfelsaft
4–6 Eiswürfel (je nach Größe!)
2 EL Zitronensaft
einige Blätter Zitronenmelisse

Topfenschmarrn

Die Verführung schlechthin, und einfacher, als man denkt. Für die klassische Version braucht man nichts weiter als einen guten Pfannkuchenteig, der ruhig mit etwas brauner Butter verfeinert sein darf. Das Geheimnis jedoch, damit der Schmarrn gut gelingt: Der Teig muss genügend Zeit bekommen, sich zu entwickeln und zu quellen. Je länger, desto feiner und knuspriger wird er beim Backen.

ZUTATEN

Für zwei bis vier Personen:

Für den Teig:
2 Eier
1 gehäufter EL Zucker
80 g Mehl
100 g Magerquark/Topfen (gut abgetropft)
125 ml Milch
125 g Sahne
2 EL braune Butter
1 Prise Salz

Außerdem:
1 Apfel
Zitronensaft
2 EL Butter
1 EL Zucker
2–3 EL in Rum (oder Likör) eingeweichte Rosinen
2 EL gehackte Mandeln
Puderzucker

1 Zunächst einen Pfannkuchenteig anrühren: Eier, Zucker, Mehl und Quark miteinander gründlich mischen, dann erst Milch und Sahne zufügen. Wenn der Quark bröselig ist (weil gut abgetropft), dafür ruhig den Mixstab nehmen. Den glatten Teig zugedeckt mindestens zwei Stunden, lieber einen ganzen Tag quellen lassen.

2 Dann den Apfel ungeschält vierteln, vom Kerngehäuse befreien, die Viertel in dünne Schnitze schneiden; damit sie schön hell bleiben, mit Zitronensaft beträufeln. In einer unbeschichteten Pfanne die Butter erhitzen, die Hälfte der Apfelscheiben darin anrösten, mit 1 Löffel Zucker karamellisieren, 1 Löffel Rosinen dazugeben und gehackte Mandeln. Knapp fingerhoch Pfannkuchenteig darübergießen. Während man diesen an der Unterseite karamellisieren lässt, mit einem Backschäufelchen immer wieder den gebackenen Teig beiseite schaufeln, damit flüssiger Teig nachrutschen kann. Und immer wieder mit zwei Gabeln den Pfannkuchen zerrupfen und zerreißen, bis lauter duftige, knusprige Stücke in der Pfanne sind. Dick mit Puderzucker bestäuben und sofort servieren.
Mit den restlichen Zutaten ebenso verfahren.

BEILAGE

Braucht man keine, der Schmarrn ist sich selbst genug.

GETRÄNK

Klassisch wäre ein Glas Milch. Aber warum nicht einer der beiden folgenden Drinks?

Maracuja-Lassi

Nach der Idee des erfrischenden Joghurtgetränks, wie man es in Indien liebt, kühlt, erfrischt und löscht den Durst.

Quark in den Mixbecher füllen, das Innere der Maracujafrucht zufügen, mit dem Pürierstab aufmixen, dabei die Eiswürfel oder so viel eiskaltes Wasser zufügen, bis der Drink die richtige Konsistenz hat. Nach Belieben zuckern.

ZUTATEN

Für zwei Personen:

100 g Quark
1 Maracuja (Passionsfrucht)
5–8 Eiswürfel oder
ca. 250 ml eiskaltes Wasser
eventuell etwas Puderzucker
zum Nachsüßen

Ingwer-Lassi

Wer es lieber herzhaft mag, bevorzugt möglicherweise diese Variante:

Quark in den Mixbecher füllen, den grob gehackten Ingwer, Limettensaft und 1 guten Schuss Fischsauce dazu, nach Belieben auch zerdrückten Knoblauch, Petersilien- oder Koriandergrün. Alles glatt mixen und dabei mit Eiswürfeln und/oder Wasser entsprechend verdünnen.

ZUTATEN

Für zwei Personen:

100 g Quark
1 walnussgroßes Stück Ingwer
1–2 TL Fischsauce
1 Prise Zucker
nach Belieben 1 Knoblauchzehe
einige Petersilien- oder Korianderblätter (ruhig auch die Wurzel)
Limettensaft

Unbekannte Genüsse: Dicke Bohnen

Lieblingsgemüse Dicke Bohnen

Wiederentdeckte Frühlingsfreuden!

Kennen Sie Dicke Bohnen, Ackerbohnen, Feldbohnen, Lederne Jungs, Saubohnen, Pferdebohnen, Puffbohnen, Favabohnen? Ist es nicht unglaublich, dass ein und dasselbe Gemüse so viele verschiedene Namen hat, dabei kennt es kaum einer!? Tatsächlich ist es in unseren Küchen selten geworden. Dabei hat man früher Saubohnen sehr gern gegessen, zum Beispiel im herzhaften Eintopf. Goethe hat Puffbohnen, wie er sie nannte, als zartes Frühlingsgemüse geliebt, vermutlich hat er sie so auf seiner italienischen Reise schätzen gelernt. Denn in Italien gilt dieses Gemüse als ebenso fein wie zarte Erbsen. Aber: Man isst sie dort auch nicht, wenn sie bereits ausgewachsen sind, wie bei uns, sondern noch ganz jung!

Bitte verwechseln Sie Dicke Bohnen nicht mit den Kernen von grünen Bohnen, von denen es recht dicke, also große Sorten gibt. Dicke Bohnen haben Sie vielleicht schon einmal im ausgehenden Winter oder im Frühjahr bei Ihrem (italienischen oder türkischen) Gemüsehändler gesehen: derbe, mehr als daumendicke grüne Schoten, zwischen 10 und 30 Zentimeter lang.

Und wenn man diese Schoten öffnet, dann liegen darin, wie in ein Samtetui gebettet, flache, breite Kerne – je nach Sorte und Alter in der Größe von Erbsen bis zu 2-Euro-Stücken. Je nach Alter lassen sich diese Kerne nochmal pellen, sie sind nämlich von einer zähen, im zunehmenden Alter geradezu ledrigen Haut umschlossen. Das geht ganz leicht, wenn man zuvor die Kerne für 1 Minute in kochendes Salzwasser wirft und anschließend eiskalt abschreckt. Dann kann man sie zwischen den Fingern abschnipsen. Darunter verbirgt sich ein zarter hellgrüner Fruchtkern, der sich sogleich in zwei Hälften teilt, saftig und fast süß, an Erbsen erinnernd, solange er jung ist, später dann immer fester, mehliger und herzhafter werdend.

Bis man an dieses saftig-süße Herz gelangt, fällt ziemlich viel Abfall an: von 1 Kilo Schoten erhält man etwa 300 Gramm Kerne, und wenn man diese auch noch häutet, sind es nur noch ca. 200 Gramm verwertbares Gemüse. Das allerdings schmeckt dann unvergleichlich gut!

Bei uns haben Dicke Bohnen durchaus Tradition, aber immer im deftigen Eintopf und nie gehäutet. Als das feine Frühlingsgemüse, das unser guter alter Goethe in Italien lieben gelernt hat, kennt man sie bei uns kaum. Und weil sie so abfallträchtig sind, auch, weil sie immer nur kurze Zeit im Jahr verfügbar sind – bei uns reifen diese Schoten Ende Juni bis Anfang August –, werden Dicke Bohnen meist als TK-Ware angeboten. Sie sind dann natürlich aus ihrer Schote gelöst, stecken aber noch in der ledrig-dicken Haut.

Ausgereifte Dicke Bohnen werden, wie man das auch von den Kernen grüner Bohnen kennt, getrocknet. Man muss sie einweichen, bevor man sie verwenden kann, und in Salzwasser ziemlich lange kochen, bis das Innere der Kerne cremig weich ist.

Aufstrich aus jungen Dicken Bohnen

ZUTATEN

Für vier bis sechs Personen:

1 weiße Zwiebel
1 grüne Chilischote
2 EL Olivenöl
200 g ausgelöste Dicke Bohnenkerne (wenn sie sehr jung sind mit, sonst ohne Haut)
etwas abgeriebene Zitronenschale
Salz
Pfeffer
je 1 Spritzer Worcestershiresauce und Balsamico
frische Bärlauchblätter
2–3 El Olivenöl zum Aufmixen
Zitronensaft

Hellgrün, wunderbar zart und gemüsig, ein frischer, frühlingsleichter Aufstrich für Crostini – ein feiner Happen zum Aperitif!

1 Die Zwiebel fein würfeln, die entkernte Chilischote in einer Kasserolle in etwas Olivenöl andünsten. Die jungen ausgelösten Bohnenkerne dazugeben. Die ganz kleinen braucht man nicht zu pellen (also von der ledrigen Haut zu befreien). Einige Minuten zugedeckt dünsten – das dauert je nach Reifezustand der Bohnenkerne zwischen 5 und 10 Minuten. Immer wieder probieren!

2 Dann mit Zitronenschale würzen, Salz und Pfeffer, Worcestershiresauce, Balsamico und zum Schluss den fein geschnittenen Bärlauch hinzufügen. Mit dem Stabmixer hineinfahren und alles nur kurz aufmixen, sodass noch Stücke sichtbar bleiben, aber trotzdem eine Art Püree entstanden ist, dabei einen guten Schuss Olivenöl einarbeiten. Mit Zitronensaft abschmecken.

3 Auf Baguettescheiben streichen. Oder dafür Crostini vorbereiten, wie auf Seite 41 beschrieben, Crostini müssen durchaus nicht warm sein. Man kann sie so gut aufbewahren und vorbereiten.

GETRÄNK

Ein leichter Weißwein, zum Beispiel ein Silvaner aus Rheinhessen. Oder auch ein kräftiger Rotwein, etwa ein Nero d'Avola aus Sizilien vom Weingut Di Giovanna.

Aufstrich aus getrockneten Dicken Bohnen

Hierfür sind die bereits geschälten getrockneten Bohnen gut geeignet. Über Nacht einweichen, dann im Einweichwasser so lange köcheln, bis sie nahezu zerfallen (ca. 30 Minuten).

Die eingeweichten Bohnen abgießen, mit frischem Wasser handbreit bedecken und weich kochen, dabei salzen. Dann abgießen und abtropfen lassen.

Zwiebel und Knoblauch fein würfeln, in 2 EL Öl andünsten, ruhig etwas braten, damit sie Farbe nehmen. Klein gewürfelte Chilis zufügen, auch Salz und Pfeffer sowie die anderen Gewürze. Zugedeckt 20 Minuten leise köcheln. Schließlich mit dem Pürierstab glatt mixen, dabei so viel Olivenöl mitmixen, bis die Creme Glanz bekommt, auch die Minze mitmixen und den Zitronensaft.

Diese Creme auf Baguettescheiben oder auf Crostini streichen.

ZUTATEN

Für vier bis sechs Personen:

200 g getrocknete geschälte Dicke Bohnenkerne
Salz
1 Zwiebel
2 Knoblauchzehen
5 EL Olivenöl
1 große (milde) rote Chilischote
1 kleine (scharfe) rote Chilischote
Salz
Pfeffer
1/4 TL gemahlener Kreuzkümmel
1/4 TL gemahlener Bockshornklee
frische Minze
Saft von 1/2 Zitrone

Feines Cremesüppchen

Ein elegantes Süppchen wird aus einem Aufstrich (siehe vorhergehende Seite), wenn man dieses Püree mit Brühe und Sahne nochmals aufkocht und dann mit dem Mixstab absolut glatt mixt. Hübsch und wohlschmeckend dazu: rasch pfannengerührte Garnelen als Einlage.

ZUTATEN

Für vier Personen:

1 weiße Zwiebel
2–3 Knoblauchzehen
1 grüne Chilischote
2 EL Olivenöl
200 g ausgelöste Dicke Bohnenkerne (sehr junge mit, sonst ohne Haut)
300 ml Fleischbrühe
Salz
Pfeffer
100 g Sahne
etwas Zitronensaft und abgeriebene Zitronenschale
je 1 Spritzer Worcestershiresauce und Balsamico
frische Minze

Garnelen:

8 Garnelenschwänze
1 TL Speisestärke
1 TL Fischsauce
1 Prise Zucker
2 EL Olivenöl
1 Spritzer Sesamöl
Salz
glatte Petersilie

1 Die Zwiebel würfeln, Knoblauch zerdrücken, Chili entkernen und grob hacken. Im heißen Öl andünsten. Die Bohnenkerne hinzufügen, mit Brühe auffüllen, salzen und pfeffern. Zugedeckt weich kochen, Sahne angießen, Zitronenschale, Zitronensaft, Worcestershiresauce und Balsamico dazugeben. Mit dem Pürierstab absolut glatt mixen. Eventuell mit einem kleinen Schuss Brühe auf die gewünschte Konsistenz bringen.

2 Die Garnelen unterdessen waschen, wenn nötig schälen – das Schwanzende dran lassen, sieht nachher hübscher aus! Gefrorene Garnelen mit kochendem Wasser übergießen, kurz ziehen lassen und dann kalt abspülen. Die Garnelenschwänze längs halbieren, auf kleine Spießchen fädeln, mit Speisestärke bestäuben und gut einreiben. Im heißen Öl nur kurz unter Rühren braten, bis sie ihre opake Farbe verloren haben, dabei mit Fischsauce besprenkeln, mit je einer Prise Zucker und Salz würzen. Am Ende fein gehackte Petersilie unterrühren.

3 Zum Servieren die Suppe nochmals mit dem Mixstab aufschlagen, mit Zitronensaft abschmecken, in Suppentassen verteilen, die Garnelen auf dem Bambusspieß quer über den Tassenrand legen und mit frischer Minze garnieren.

Warenkunde

Der Name ist in jeder Hinsicht irreführend: Dicke Bohnen sind nicht dick, sie machen auch nicht dick, und es sind nicht einmal Bohnen. Sie gehören zwar zu den Hülsenfrüchten und Leguminosen, aber eben nicht zu den Bohnen (*Phaseolus*), sondern zu den Wicken (*Vicia*), sind also eher Erbsen. So weit, so verwirrend.

Dicke Bohnen gehören zu den ältesten Lebensmitteln der Welt, es soll sie schon in der Steinzeit gegeben haben. Man unterscheidet drei Sorten, die man an der Größe erkennt: *faba minor* (kleine Schoten, bis 13 cm lang; die kleine Ackerbohne), *faba equina* (bis 20 cm lang; die Pferdebohne) und *faba major* (bis 35 cm lang; die Puff- oder Saubohne). Diese ist die zum Verzehr am häufigsten angebaute Gartenbohne. Bei uns gelten sie als deftiges Gemüse, werden gern mit Speck und Kartoffeln zu einem herzhaften Eintopf gekocht. In Italien sind sie ein feines Frühlingsgemüse; und wenn sie jung und zart sind, isst man sie sogar roh – zusammen mit jungem Pecorino und guter Salami, eine herrliche Knabberei zu einem Glas Wein.

Dicke Bohnen sind also keine weißen Bohnen oder Bohnenkerne, was gern verwechselt wird. Vor allem bei Rezepten, die aus anderen Sprachen übersetzt wurden, nimmt man darauf nicht immer Rücksicht. Sobald der Begriff Favabohnen dabeisteht, ist alles klar. Auf Italienisch heißen sie *fave*, auf Spanisch *haba* ... Und weil es keine Bohnen sind, darf man Dicke Bohnen auch roh essen, entgegen landläufiger Meinung – in den jungen Puffbohnenkernen, und nur die mag man überhaupt roh essen, steckt auch kein giftiges Phasin, wie in grünen Bohnen.

Tiefgekühlte Dicke Bohnen haben natürlich noch die ledrige Haut, die sie umschließt – sie abzuziehen ist zwar mühsam, aber die Bohnen sind dann wunderbar fein und zart ... und schmecken unvergleichlich besser! Getrocknete Dicke Bohnen müssen erst einmal eingeweicht werden und dann langsam weich gekocht, bis sie fast von selbst zerfallen. Inhaltsstoffe: viel Eiweiß, wertvolle Aminosäuren, viel Glutaminsäure! Kohlehydrate und Ballaststoffe, viel Calcium, Eisen und die Vitamine A, B und E.

Türkisches Bohnenschotengemüse

ZUTATEN

Für vier bis sechs Personen:

1 kg junge
kleine Dicke Bohnenschoten
1 Zwiebel
2–3 Knoblauchzehen
1 (milde) grüne Chilischote
1 (scharfe) rote Chilischote
2–3 EL Olivenöl
100 ml Brühe
Salz
Pfeffer
3–4 Tomaten
1 Bund Dill
Saft von ½ Zitrone

Joghurt-Knoblauch-Dip:
300 g griechischer Joghurt
(eventuell vom Schaf) oder
200 g Vollfett-Joghurt und
100 g saure Sahne
2–3 Knoblauchzehen
Zitronensaft
Salz
Pfeffer

In der Türkei und überhaupt rund um den südlichen Teil des Mittelmeers, auch im Libanon und in Ägypten isst man Dicke Bohnen sogar noch früher, solange auch die ganzen Schoten noch zart und die Kerne noch winzig sind. Sie müssen allerdings frisch sein, und das ist ein bisschen das Problem, denn diese Bohnen welken rasch – den Kernen tut das nicht weh, aber wenn man auch die Schoten essen will, müssen sie natürlich straff und knackig sein.

1 Die Schoten waschen, oben und unten die Spitzen abschneiden, falls nötig fädeln – wie man das früher mit grünen Bohnen auch machen musste (heute hat man ihnen diese Fäden ja meist weggezüchtet) – und quer halbieren oder dritteln.

2 In einem flachen, großen Topf fein gewürfelte Zwiebel, Knoblauch und Chilischoten in Olivenöl andünsten, die Schoten zufügen. Die Brühe angießen, salzen und pfeffern und zugedeckt eine Weile schmoren. Je nach Zartheit der Schoten zwischen 20 und 35 Minuten – einfach probieren!

3 Unterdessen die Tomaten mit kochendem Wasser überbrühen, die Haut abziehen, den Stielansatz herausschneiden, die Früchte grob hacken. Auch den Dill fein schneiden und beides unterrühren, mit Zitronensaft abschmecken.

4 Dieses Bohnengericht wird kalt beziehungsweise bei Zimmertemperatur serviert.

BEILAGE

Dazu einen Joghurt-Knoblauch-Dip reichen: Dafür den Joghurt mit fein zerdrücktem oder geriebenem Knoblauch, einem guten Spritzer Zitronensaft, Salz und Pfeffer glatt rühren.

GETRÄNK

Ein herzhafter Weißwein, zum Beispiel aus Sizilien.

Tipp

Bohnen kann man in kaltem Wasser wieder auffrischen, und Bohnenschoten, die schon größer sind und bereits Bitterstoffe entwickelt haben, legt man für gut 30 Minuten in einer Schüssel mit kaltem Wasser ein, das mit 2 Esslöffeln Mehl und dem Saft von 1 Zitrone verquirlt ist.

Bauernbohnen

Die einfachste Art, Dicke Bohnen zuzubereiten: Sie werden einfach mit Pellkartoffeln mitgekocht, in ihrer Schote. Bei Tisch pellt man sich die Kartoffeln, pult die Kerne aus den Schoten und gibt ein kleines Butterflöckchen obenauf. Einige Krümel Salz – und dazu Buttermilch. Ein frugales Sommeressen!

Dicke-Bohnen-Eintopf mit Schweinebauch und Speck

ZUTATEN

Für vier bis sechs Personen:

250 g getrocknete Dicke Bohnenkerne (oder 500 g TK-Bohnenkerne)
Salz
75 g Speck
1 EL Olivenöl
500 g Schweinebauch
1 große Zwiebel
2 Knoblauchzehen
1 frische Chilischote
1 Möhre
¼ Sellerieknolle
2–3 Kartoffeln
1 Lauchstange
2 Stangen Bleichsellerie
Pfeffer
1 gehäufter EL Majoran
1 EL Kümmel
ca. 1 l Brühe
frische Gartenkräuter (Schnittlauch, Petersilie, Kerbel)

Der klassische herzhafte Eintopf – wie deftig, hängt davon ab, ob man frische Bohnenkerne nimmt und die ledrige Haut von den Kernen abzieht oder sie dran lässt oder ob man getrocknete verwendet. Diese müssen unbedingt eine Nacht lang eingeweicht und schließlich weich gekocht werden.

1 Die Bohnen am Vortag mit Wasser dreifingerhoch bedecken und zugedeckt einweichen. Am anderen Tag das Wasser abgießen, mit frischem Wasser bedecken, salzen, langsam zum Kochen bringen, nach dem ersten Aufwallen die Hitze auf kleine Stufe herunterschalten und den Deckel erst auflegen, wenn der Schaum, der sich an der Oberfläche gebildet hat, wieder verschwunden ist. Leise etwa 1 bis 2 Stunden weich kochen, bis sich die Kerne unter der Messerschneide auf einem Arbeitsbrett zerdrücken lassen.

2 Den Speck in feine Streifen oder Würfel schneiden, in einem Suppentopf sanft auslassen, dabei ein wenig Öl zufügen, damit nichts ansetzt. Den Schweinebauch in Würfel schneiden, in den Topf geben und anbraten. Schließlich die Gemüse zufügen: die Zwiebel fein gewürfelt, den Knoblauch gehackt, Chili entkernt und fein gewürfelt, Möhre, Sellerieknolle und Kartoffeln geschält und in gut zentimetergroßen Würfeln, Lauch aufgeschlitzt, gründlich ausgewaschen, dann quer in feinen Scheiben, Selleriestangen ebenfalls in feinen Scheiben. Jetzt auch die Bohnen zufügen, alles salzen, pfeffern, auch Majoran und Kümmel hinzufügen. Und mit Brühe auffüllen. Zum Kochen bringen und dann leise köcheln, etwa 30 Minuten, bis alle Gemüse weich sind.

3 Den Eintopf nochmals herzhaft abschmecken, frische Kräuter einrühren und in tiefen Tellern servieren.

BEILAGE

Es genügt frisches Bauernbrot oder Brezeln.

GETRÄNK

Ein Pils, ein säurefrischer Weißwein oder ein Apfelmost.

Pasta mit Fave

Die Verbindung von Hülsenfrüchten und Pasta liebt man in Italien sehr. Man nimmt dafür immer eine rustikale Art von Pasta – in Apulien, wo man sehr gerne Dicke Bohnen, genannt Fave, isst, haben Orechiette Tradition, sogenannte Öhrchennudeln, die allerdings eher wie Hütchen, weniger wie Öhrchen aussehen. Sie werden am Ende mit dem Gemüsesugo mitgeschmort und nehmen dabei die Aromen besonders gut in sich auf.

1 Zuerst in einem großen Topf das Nudelwasser aufsetzen. Sobald es kocht, stark salzen und die Pasta darin weich, aber noch bissfest garen.

2 Inzwischen Zwiebel, Knoblauch, Chili fein würfeln, in einer großen Pfanne im heißen Olivenöl andünsten. Die ausgelösten Dicken Bohnen (auch TK) dazu, salzen, pfeffern und die gewaschenen Kirschtomaten zugeben. Bei diesen zuvor mit einem spitzen Messer rund um den Stielansatz die Haut einschneiden. Dann braucht man die kleinen Tomaten nicht mühsam zu schälen, die Haut löst sich beim Mitschmurgeln von selbst, und man kann sie einfach abzupfen.

3 Zugedeckt alles etwa 20 Minuten gar schmurgeln. Am Ende Mozzarella in zentimeterkleine Würfel schneiden, mit der in Stücke geschnittenen Rauke und der tropfnassen Pasta untermischen. Alles gründlich miteinander mischen, dann in tiefen Tellern servieren.

BEILAGE
Frisches Brot, um die Sauce aufzunehmen.

GETRÄNK
Unbedingt ein Glas Rotwein, zum Beispiel einen fruchtigen Negroamaro oder einen Primitivo.

ZUTATEN
Für vier Personen:

400 g Pasta (Orechiette oder Penne)
Salz
1 Zwiebel
2–3 Knoblauchzehen
1 Chilischote
3 EL Olivenöl
500 g Dicke Bohnen (TK)
Pfeffer
250 g Kirschtomaten
200 g Mozzarella
Rucola oder Basilikum
Olivenöl zum Beträufeln

Fischvergnügen: Forellen

Forellen:

Blau, in Folie, gebeizt, gebraten und vom Grill

Leichte Küche ist im Frühling angesagt, auch, weil man den Winterspeck loswerden will. Deshalb empfehlen wir Fisch! Genauer Forellen, denn die haben jetzt Saison! So gut wie im Frühjahr schmecken sie das ganz Jahr über nicht. Sie haben im winterkalten Wasser das Fett abgebaut, fangen jetzt wieder munter an zu schwimmen und zu fressen. Wenn man sie jetzt frisch kauft, sind sie ein besonderer Genuss! Man kann sich Forellen übrigens auch als Frischfisch schicken lassen *(z. B. www.send-a-fish.de)*, und tiefgekühlt gibt es sie in nahezu jedem Supermarkt.

Forelle blau

Nichts geht über eine absolut frische, soeben geschlachtete Forelle. Dieser absolute Klassiker, die Forelle „blau“, galt einst als absolutes Luxusgericht, mit dem man im Adlon in Berlin die anspruchsvollsten Gäste verwöhnte. Damals wurden die Forellen mit Pferdefuhrwerken und der Bahn in Wassertonnen aus dem Schwarzwald nach Berlin transportiert und kosteten als rare Delikatesse mehr als ein Helgoländer Hummer. Tatsächlich ist die Forelle blau auch heute noch ein delikates Vergnügen, das alle Aufmerksamkeit verlangt. Das wusste man immer schon, beispielsweise in jedem Schwarzwald-Forellenhof, wenn man die Gäste schon am Telefon fragte, ob man die Forelle blau oder als „Müllerin“ (also gebraten) essen wolle. Denn für die „Müllerin“ muss man sie schon 3 bis 4 Stunden vorher schlachten, damit sie sich in der Pfanne nicht aufbiegt, während sie für „blau“ direkt aus dem Fischbecken kommen sollte. Der Gast erkennt nicht nur am Geschmack, sondern auch am Aussehen der Forelle, wie frisch sie ist: Je mehr und heftiger sie aufgebrochen ist, desto besser!

ZUTATEN

Für zwei bis vier Personen:

2–4 schöne Portionsforellen (je ca. 300 g)
1 Zwiebel
½ Lauchstange
1 kleine Möhre
1 Stück Sellerieknolle
1 Stück Zitronenschale
einige Petersilienstiele
2 Lorbeerblätter
je 1 TL weiße und schwarze Pfefferkörner
je ½ TL Piment- und Wacholderbeeren
1 EL Senfsaat
Salz
ca. 3–4 EL Weißwein- oder Apfelessig
1 Glas Weißwein

1 Zunächst einen Sud kochen: Dafür Zwiebel, Lauch, Möhre und Sellerie putzen und in Scheiben oder Stücke schneiden, mit Zitronenschale und Gewürzen in den Fischtopf geben, mit Wasser handbreit bedecken, Essig und Wein hinzufügen und zugedeckt leise etwa 20 Minuten köcheln lassen.

Kräutersauce:
1 dicker Kräuterstrauß
(Kerbel, Petersilie, Schnittlauch, Dill, Basilikum, Liebstöckel)
2 Eigelb
Salz
Pfeffer
Saft und abgeriebene Schale von ½ Zitrone
150 g Butter

Außerdem:
500–1000 g kleine Kartöffelchen
2–4 EL Butter zum Schwenken
Salz
Pfeffer
Petersilie

2 Ein spezieller länglicher Fischkochtopf ist für diesen Zweck nützlich, aber nicht zwingend erforderlich, nur sollte der Topf breit genug sein, damit man den Fischen nicht den Kopf abschlagen muss. Hat man nur einen runden Topf, wird die Forelle mit Küchenzwirn rund gebunden: den Schwanz an den Kopf biegen, den Faden durch das Maul ziehen und um den Schwanz knüpfen.

3 Die vor allem innen gut ausgewaschenen Fische in den kochenden Sud versenken, der dann aber nicht mehr kochen, sondern nur noch sanft ziehen darf, sonst wird das empfindliche, zarte Forellenfleisch trocken.

TIPP

Blau färbt sich die Forelle übrigens ganz von allein, sobald sie in den heißen Sud eintaucht; wichtig ist allerdings, dass ihre natürliche Schleimschicht noch nicht verletzt wurde, durch viele Fingerabdrücke, durch exzessives Waschen und anschließendes (vollkommen überflüssiges) Abtrocknen und schon gar nicht durch Austrocknen. Man dachte früher, es sei unbedingt Essig dafür nötig oder wenigstens Säure (auch vom Wein), aber das ist nicht richtig. Wenngleich beides dem Geschmack durchaus gut tut!

4 Der Fisch ist in wenigen Minuten gar – an der Rückengräte merkt man, wann es so weit ist: Mit einem spitzen Messer hineinstechen, wenn dort klarer Saft fließt, kann man servieren.

5 Inzwischen die Kräutersauce herstellen: Dafür die Kräuter von den Stielen zupfen, zusammen mit dem Eigelb und etwas abgeriebener Zitronenschale in einen Mixbecher füllen, alles mit dem Stabmixer glatt mixen, dabei langsam eine Schöpfkelle kochend heißen Fischsud dazugießen, mit Salz, Pfeffer und Zitronensaft abschmecken.

6 Die Butter in einem Töpfchen schmelzen und einige Minuten köcheln, bis sie nach Haselnüssen duftet.

7 Die Forellen auf eine Platte setzen oder jedem seine auf den eigenen Teller. Die braune Butter und die Kräutersauce jeweils in einer Sauciere dazu reichen.

BEILAGE

Kleine Pellkartöffelchen, die in Butter geschwenkt und sanft gebräunt werden, mit Salz und Pfeffer gewürzt sowie mit fein gehackter Petersilienbutter bestreut – ein Sonntagsessen!

GETRÄNK

Ein herzhafter Riesling begleitet die Forelle perfekt, zum Beispiel vom Weingut Leiner aus der Pfalz!

Tipp

Lässt sich die Rückengräte leicht herausziehen, was als Garprobe leider oft empfohlen wird, ist die arme Forelle bereits übergart. Schade! Das Fleisch ist dann trocken und faserig statt knackig-fest und saftig wie bei der frisch geschlachteten heimischen Bachforelle; sie ist da noch empfindlicher als die Regenbogenforelle.

Forelle in Folie

ZUTATEN

Für vier Personen:

1 große Forelle (ca. 1,5 kg)
oder 4 Portionsforellen
1 Möhre
1 Lauchstange
2–3 Stangen Bleichsellerie
1 Kräuterstrauß
(Kerbel, Petersilie, Schnittlauch)
60 g Butter
Salz
Pfeffer
abgeriebene Schale von 1 Zitrone

Wenn die Forelle so groß ist oder es so viele sind, dass sie in keinen Topf passen, empfiehlt es sich, sie einzupacken. Ob eine große Forelle oder für jeden Gast sein eigenes Folienpaket: Immer ist wichtig, dass die Forelle darin reichlich Platz hat. Die Folie muss ihr ein lockeres Gehäuse bieten, damit der Dampf zirkulieren kann und die Forelle gleichmäßig gart.

1 Zuerst wird/werden die Forelle(n), vor allem innen, gründlich gewaschen. Das Wurzelgemüse putzen und in feine Julienne schneiden. Die Kräuter von den Stielen zupfen und fein hacken. Das Butterstück damit panieren, dabei mit Salz, Pfeffer und Zitronenschale würzen. Diese Kräuterbutter in den Fischbauch stecken. Den Fisch oder die Fische schließlich locker in Alufolie packen: Vor allem wenn ein großer Fisch eingewickelt werden soll, extra starke und breite Alufolie nehmen.

2 Die Fläche, auf der der Fisch zu liegen kommt, mit Butter einstreichen, darauf eine Portion der Gemüsestreifen verteilen, salzen und pfeffern. Den Fisch darauf betten. Die Folie hoch über dem Fisch zusammenfassen, viel Luftraum schaffen, dann so verschließen, dass an den Seiten nichts herausfließen kann.

3 Das Paket (die Pakete) auf dem Rost in den vorgeheizten Ofen schieben. Den Fisch/die Fische bei 200 °C (Heißluft; Ober-/Unterhitze 220 °C) garen. Je nach Größe der Fische dauert das zwischen 20 und 40 Minuten. Ob der Fisch gar ist, spürt man mit dem Finger: Wenn das Fleisch auf sanften Fingerdruck nachgibt, keinen elastischen Widerstand mehr bietet, dann kann man servieren.

Entweder bekommt jeder Gast sein eigenes Folienpaket und macht sich darüber her – die Gemüsebeilage liegt ja bereits im Päckchen, frisches Weißbrot gibt's dann noch dazu, um den Saft aufzuwischen –, oder die große Forelle wird am Tisch von der Gastgeberin oder dem Familienoberhaupt vorgelegt. Das ist nicht schwierig: Haut abheben, längs der Seitenlinie teilen, Rückenfilet vorsichtig nach oben wegschieben, Bauchseite abheben, Bäckchen herausholen ...

GETRÄNK

Ein kraftvoller Weißwein, diesmal ein Riesling. Zum Beispiel ein „Blauschiefer" aus Winnigen an der Mosel. Die steilen Schieferhänge geben dem Riesling eine große mineralische Kraft und eine tiefe Würze, die gut zu der Forelle in Folie passt.

Forelle vom Grill

ZUTATEN
pro Person:

1 Forelle (ca. 300 g)
2 EL Olivenöl
Salz
1–2 Petersilienstiele
oder Majoranzweige
Zitronenschnitze

Eine willkommene Abwechslung für die Grillsaison.

1 Die Forellen innen und außen mit Olivenöl einreiben, den Fischbauch von innen salzen und den Petersilienstiel oder Majoranzweig hineinstopfen. Nach Belieben einen Zitronenschnitz hineingeben.

2 Um die direkte Hitze zu mildern, den Fisch auf ein mit Öl bestrichenes Blatt Alufolie legen und dieses über den Fisch schlagen. Das Paket am besten in einen großen Grillkorb (wenn man mehrere Fische grillt) – oder einzeln in spezielle für Fische bestimmte Körbchen – spannen: So lassen sich die Fische bequem wenden, der Saft wird aufgefangen und tropft nicht in die Glut.

3 Ideal ist übrigens ein Schwenkgrill, bei dem man den hängenden Rost in leichte Bewegungen versetzen kann. Die Forellen werden dabei besonders sanft gegart.

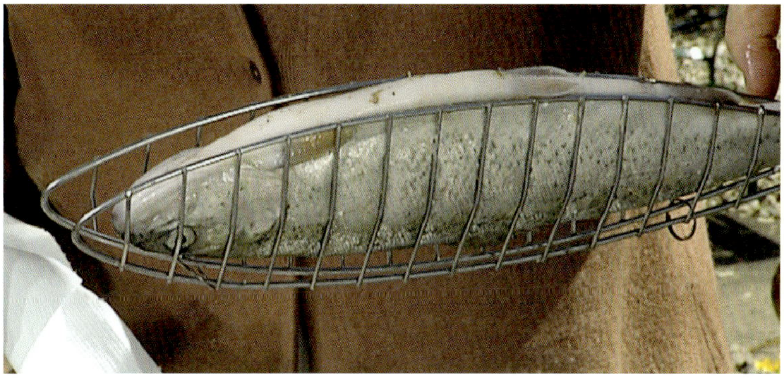

BEILAGE

Zur gegrillten Forelle gibt's eine Schnittlauchmayonnaise – die ist mit dem Mixstab schnell gemacht: Senf, Eigelb, Knoblauch, Schnittlauch, und entkernte Chilischote in den Mixbecher geben, mit dem Stabmixer aufmixen, dabei langsam das Öl einfließen lassen. Mit Salz und Pfeffer, Zitronensaft und -schale abschmecken; falls die Mayonnaise zu dick ist, etwas Brühe hineinmixen. Dazu wird natürlich knuspriges Baguette oder Ciabatta gereicht.

GETRÄNK

Zum herzhaften Holzkohlearoma passt ein kräftiger Wein, ein Grauburgunder (Ruländer) aus Württemberg.

Schnittlauchmayonnaise:
1 EL scharfer Senf
1 Eigelb
2 Knoblauchzehen
1 Bund Schnittlauch
1 grüne Chilischote
ca. 100 ml Olivenöl
Salz
Pfeffer
1 EL Zitronensaft
etwas abgeriebene Zitronenschale
2–3 EL Brühe

Warenkunde Forellen

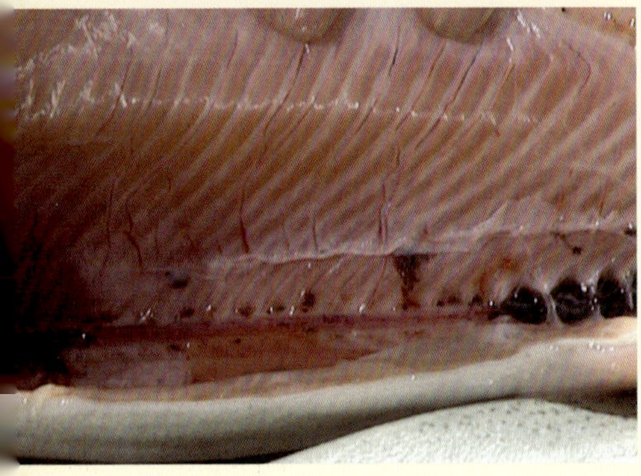

Dass die Forelle (*Salmo trutta*) mit dem Lachs (*Salmo salar*) eng verwandt ist, kann man am lateinischen Familiennamen (*salmo*) ablesen. Ursprünglich war bei uns nur die Bachforelle (*Salmo trutta fario*) heimisch, das ist die mit den hübschen roten Pünktchen.

Zu Beginn des letzten Jahrhunderts hat man dann aus Amerika die Regenbogenforelle (*Oncorhynchus mykiss*) eingeführt, die ihren Namen dem in Regenbogenfarben schillernden rosa Streifen auf der Seite verdankt. Weil sie sich einfacher züchten lässt, schneller wächst und nicht so anspruchsvoll ist, was die Wasserqualität angeht, hat sie sich in der Zucht rasch durchgesetzt. Und deshalb bekommt man heute aus der Zucht nahezu ausschließlich Regenbogenforellen. Neben ihr gibt es die Seeforelle (*Salmo trutta lacustris*) sowie die Meerforelle (*Salmo trutta trutta*).

Außerdem werden in Fischgeschäften und auf Märkten sogenannte „Lachsforellen" angeboten, dabei handelt es sich jedoch nicht um eine eigene Rasse oder Sorte. Man versteht darunter vielmehr besonders große Forellen mit einem Gewicht von mindestens 1,5 Kilogramm und mit deutlich rosa Fleisch. Diese Fleischfarbe ist begehrt, denn bei wild lebenden Salmo-Arten weist das auf eine Ernährung mit viel Krebsgetier hin, den Bachflohkrebsen, deren Schale den Farbstoff Astaxanthin enthält. Bei den Zuchtforellen wird dieser Farbton allerdings durch karotinhaltiges oder mit Krebstierchen angereichertes Futter erzielt.

Forellen haben in jedem Fall ein fettarmes, saftiges, schmackhaftes Fleisch. Sie werden idealerweise lebendig in Kaltwasserbecken angeboten und erst auf Wunsch geschlachtet, aber natürlich auch als Frischfisch oder tiefgekühlt. Sehr beliebt sind auch geräucherte Forellen. Portionsfische wiegen etwa 250 bis 400 Gramm. Größere Exemplare gibt es auch als Filets. Man kann sich einen großen Fisch, etwa von 1,5 Kilogramm und mehr, auch senkrecht in Koteletts schneiden lassen – aber dann wird es schwierig mit den Gräten.

Gebratenes Forellenfilet

Manchmal bekommt man fertig ausgelöste Forellenfilets, die ja garantiert ohne Gräten sind, das ist praktisch, sie schmecken prima, und sie sind im Handumdrehen gar.

1 Die Fischfilets jeweils in drei gleich große Teile schneiden und mit der Hautseite ins Mehl tauchen, sie sollen davon hauchdünn überzogen werden, alles Überschüssige sorgfältig abschütteln.

2 In einer Pfanne das Öl erhitzen, die Fischstücke mit der Hautseite hineinlegen und auf mittlerer Hitze knusprig braten, die Fleischseite salzen, mit Pfeffer, abgeriebener Zitronenschale und mit der Hälfte der fein geschnittenen Kräuter würzen.

3 Sobald die Fischstücke rundum weißlich geworden sind, umdrehen und auch auf dieser Seite kurz anziehen lassen.

4 Wieder umdrehen, ein Stück Butter darauf schmelzen lassen, einige Tropfen Zitronensaft darauf und servieren.

BEILAGE

Gedünstete Erbsen. Mit fein gewürfelter Schalotte in etwas Butter andünsten, mit Cayennepfeffer, Salz, 1 Prise Zucker und Zitronenschale würzen. Fein geschnittene Minze unterrühren.

GETRÄNK

Und dazu ein frischer, säurebetonter Wein, zum Beispiel ein Weißburgunder pur mineral aus Franken.

ZUTATEN

Für zwei Personen:

2–3 Forellenfilets (je ca. 100 g)
1 EL Mehl
2 EL Olivenöl
Salz
Pfeffer
etwas abgeriebene Zitronenschale
3–4 EL fein geschnittene Kräuter (Petersilie, Kerbel, Liebstöckel oder Basilikum)
20 g Butter
Zitronensaft

Gebeizte Forelle

ZUTATEN

Für ca. sechs bis acht Personen:

1 Forelle (ca. 1,5 kg)
60 g Salz
50 g Zucker
2 Tassen fein gehackte Kräuter
(Petersilie, Dill, Kerbel)

Meerrettichcreme:
½ Meerrettichwurzel
100 g Mascarpone
oder Crème fraîche
100 g saure Sahne
Salz
Pfeffer
Zitronensaft
etwas abgeriebene Zitronenschale

Aus einer großen (sogenannten Lachs-)Forelle lässt sich eine feine Delikatesse zubereiten: Die gebeizte Forelle ist ein Prachtstück für ein festliches Büffet oder eine elegante Vorspeise beim großen Menü. Man muss den Fisch mindestens 3 Tage vor dem Fest einlegen, kann ihn dann aber auch gut 1, sogar bis zu 2 Wochen aufbewahren.

1 Die Forelle filieren oder den Fischhändler darum bitten. Zu Hause mit einer Pinzette alle Mittelgräten herauszupfen. Die Filets rundum glatt schneiden. Ein Filet mit der Hautseite nach unten auf ein großes Stück Klarsichtfolie legen. Salz, Zucker und Kräuter miteinander mischen und die Fleischseite damit bedecken. Das zweite Filet mit der Fleischseite auf die Mischung legen. Den Fisch fest in die Folie einwickeln, zusätzlich in einen ausreichend großen Gefrierbeutel packen und in einer flachen Schale im Kühlschrank mindestens 2 Tage marinieren, dabei täglich zweimal wenden.

2 Zum Servieren die Lake, die sich dann gebildet hat, abwaschen, die Filets sorgsam trocknen. Die Filets von der Haut schneiden, dann senkrecht in 3 bis 5 Millimeter dicke Tranchen (Scheiben) schneiden. Entweder zum Fisch zusammengesetzt auf einer Platte anrichten oder besser noch als Vorspeise auf Teller drapieren.

3 Dazu eine Meerrettichcreme reichen: den Meerrettich reiben, mit Crème fraîche und saurer Sahne vermischen. Mit Salz und Pfeffer, Zitronensaft und -schale abschmecken.

4 Für die Vorspeisenportion eine Mischung von verschiedenen Salaten auf dem Teller ausbreiten. Die Fischscheiben daneben und die Meerrettichcreme dazu als Klecks anrichten.

GETRÄNK

Hierzu passt etwas Prickelndes, zum Beispiel ein Rosé-Winzersekt vom badischen Spätburgunder vom Weingut Schneider im Kaiserstuhl.

Tipp

Hübsch ist auch ein Aperitifhappen damit: Crostini mit Meerrettichcreme bestreichen und je eine Scheibe gebeizten Fisch darauflegen. Mit einem Kräuterzweiglein dekorieren.

Spätzle & Spatzen

Spätzle & Spatzen –

Pasta auf heimische Art

Pasta – heute einmal ganz anders. Ausnahmsweise nicht auf italienische Art, sondern ganz mit heimischen Produkten. Sie werden staunen, was man alles mit unseren guten alten Spätzle machen kann. Und wie aus einer einfachen Beilage ein interessantes komplettes Essen wird.

Wir beginnen aber zuallererst mit dem klassischen Grundrezept – denn natürlich müssen Spätzle hausgemacht sein, dürfen nicht aus der Packung stammen:

Spätzle oder Spatzen?

Das hängt nicht vom Teig, sondern von der Zubereitungsart ab! Für den Teig nimmt man entweder eine Rührschüssel, einen stabilen Kochlöffel und die eigene Muskelkraft oder man lässt sich von der Küchenmaschine helfen: In diesem Fall unbedingt die Knethaken verwenden, Schnee- oder Rührbesen sind zu schwach für diesen zähen Teig. Wir brauchen Eier, Salz und Mehl, und dann wird gerührt und schließlich geschlagen, bis der Teig Blasen wirft und seidig glatt ist. Bevor man ihn verarbeitet, muss er eine Weile ruhen, damit sich der Kleber entwickeln kann und die Spätzle nachher beides sind: schön kernig und trotzdem zart.

Um Spätzle zu bekommen, kann man den Teig durch eine Presse drücken, man kann sie vom berühmten Brett schaben oder durch ein Lochblech streichen, das jedoch mit seinen runden Löchern für eher runde Spatzen sorgt. Natürlich wird der Teig – gleich auf welche Art – portionsweise verarbeitet direkt in einen breiten Topf gegeben, in dem reichlich Salzwasser siedet. Wenn die Spätzle oben schwimmen – nach etwa 2 bis 3 Minuten –, sind sie gar. Dann muss man sie mit einer breiten Schaumkelle herausfischen und in eine Schüssel mit heißem Wasser tauchen, die daneben parat stehen sollte. Darin wird die Mehlstärke abgewaschen und die Spätzle kleben nicht zusammen.

Zum Servieren werden sie entweder mit einer Sauce vermischt oder in heißer Butter geschwenkt, geschmälzt, wie der Schwabe dazu sagt. So sind sie der Klassiker als Beilage zu Braten und allerlei Gerichten mit schöner Sauce, die sie bestens aufnehmen.

Grundrezept

ZUTATEN

Für vier bis sechs Personen:

4–5 Eier
½ TL Salz
350 g Mehl

1 Zuerst das Mehl in die Schüssel geben, Eier und Salz hinzufügen und jetzt mit dem Kochlöffel oder mit den Knethaken des Handrührers zu einem zähen, aber glatten Teig rühren. Er sollte so luftig sein, dass er regelrecht Blasen wirft. Will man ihn vom Brett schaben, darf er fester sein. Durch die Presse lässt er sich jedoch leichter drücken, wenn er etwas weicher ist. Unbedingt den Teig 30 Minuten ruhen und quellen lassen.

2 Inzwischen in einem breiten, geräumigen Topf Wasser aufkochen und salzen. Daneben die große Schüssel mit heißem Wasser bereitstellen. Den Teig portionsweise verarbeiten – also mit einem Messer oder Teigschaber vom Brett schaben, das immer wieder ins heiße Wasser getaucht wird, oder durch die Presse oder ein Lochblech drücken.

3 Fertige Spätzle im heißen Wasser abspülen. Zum Servieren oder Weiterverarbeiten in einem Sieb gründlich abtropfen lassen.

Spätzle mit Lauch und Speck

Wenn Spätzle die Hauptrolle spielen sollen, muss man ihnen die richtige Begleitung geben. Prototyp für diese Anrichtung sind die berühmten Allgäuer Kässpätzle. Unser Rezept ist eine leichtere, elegantere, aber durchaus herzhafte Variante.

1 Den Speck in feine Streifen schneiden und in einer großen Pfanne – sie soll später das gesamte Gericht mitsamt den Spätzle fassen können – in 1 Esslöffel Olivenöl auslassen und ein kleines bisschen knusprig rösten. Fein geschnittenen Knoblauch sowie die Pinienkerne dazu und kurz mitbraten.

2 Den Lauch putzen, welke Außenblätter entfernen, die Stange längs aufschlitzen und unter fließendem Wasser gründlich auswaschen. Quer in feine Ringe schneiden und in die Pfanne geben, das restliche Olivenöl zufügen, wenig Salz, Pfeffer, Muskat und Cayennepfeffer. Alles auf nunmehr milder Hitze einige Minuten zugedeckt dünsten lassen.

3 Am Ende einen Schuss Spätzlekochwasser oder Brühe zufügen sowie die gut abgetropften Spätzle. Alles innig miteinander vermischen, bis sie glänzen und duften. Ein einfaches, aber köstliches Essen, das schnell auf dem Tisch steht.

BEILAGE

Ein grüner oder bunt gemischter Salat. Am besten säuerlich angemacht mit Apfelessig, Olivenöl, etwas Kürbiskernöl, Pfeffer und Salz.

GETRÄNK

Ein herzhafter, säurefrischer Riesling. Wir haben einen herrlich knackigen Riesling aus Österreich dazu getrunken.

ZUTATEN

Für vier Personen:

100 g Speck in einer dicken Scheibe
1 ½ EL Olivenöl
2 Knoblauchzehen
2 gehäufte EL Pinienkerne
(oder gehackte Haselnüsse)
1 Lauchstange
Salz
Pfeffer
Muskatnuss
1 Prise Cayennepfeffer
eventuell 2–3 EL Brühe
1 Portion Spätzle (Grundrezept)
Parmesan

TIPP

Wer mag, reibt sich noch etwas Parmesan über seine Portion.

Mozzarellaspätzle mit Tomaten und Basilikum

ZUTATEN

Für vier Personen:

1 Grundrezept Spätzle
200 g Mozzarella
3 Frühlingszwiebeln
4 Tomaten
Salz
Pfeffer
3–4 EL Olivenöl
2 Knoblauchzehen
nach Belieben 1 kleine rote Chilischote
1 Bund Basilikum

Hier haben wir das Allgäuer Rezept einfach auf mediterran umgemodelt. Die fertigen Spätzle werden in eine flache, feuerfeste Form geschichtet, mit kleinen Würfeln Mozzarella, feinen Ringen von Frühlingszwiebeln, Streifen von Tomaten und reichlich Basilikum dazwischen – à la Caprese sozusagen … Und dann alles kurz in den Ofen schieben, bis der Käse schmilzt und sich die Aromen gut verbinden.

1 Die Spätzle nach dem Grundrezept zubereiten. Den Käse zentimeterklein würfeln. Die Frühlingszwiebeln putzen, waschen, dann schräg in feine Scheiben schneiden. Die Tomaten kurz ins kochende Spätzlewasser tauchen, dann eiskalt abschrecken. Jetzt lassen sie sich kinderleicht häuten. Die Früchte aufschneiden, alle Kerne herausstreifen und in einem Mixbecher sammeln. Das Fruchtfleisch würfeln.

2 Die Kerne im Mixbecher salzen und pfeffern, das Öl, den Knoblauch und nach Gusto die entkernte Chilischote hinzufügen, 3 bis 4 Basilikumblätter dazu. Zu einer cremigen Sauce mixen – wir nennen sie Tomagrette, von *Toma*te und Vinai*grette*.

3 Das restliche Basilikum fein schneiden. Die Spätzle in eine flache, feuerfeste Form schichten. Dabei Käsewürfel, Zwiebelscheiben, Tomatenwürfel und das restliche, in Streifen geschnittene Basilikum dazwischen verteilen und überall Kleckse der Tomagrette setzen.

4 Die Form in den 180 bis 200 °C heißen Ofen (Heißluft oder Ober-/Unterhitze) stellen und alles in etwa 10 bis 15 Minuten durchwärmen lassen. Eventuell mit Alufolie locker bedecken, damit nichts austrocknet.

BEILAGE

Natürlich gehört ein knackigen Salat dazu. Zum Beispiel aus frischen Rucolablättern. Die Marinade dafür aus Zitronensaft, Balsamico, Pfeffer und Salz anrühren.

GETRÄNK

Ein schwungvoller Wein. Der darf ruhig aus Italien stammen und so den Kreis wieder schließen. Zum Beispiel ein Fiano di Avelllino oder ein Greco di Tufo. Wir tranken dazu einen Doce assaje, einen kraftvollen, reichen, großartigen Weißwein aus Kampanien.

Spätzle auf Vorrat

Das ist wirklich praktisch: Wenn man sich schon die Mühe macht, Spätzle zu produzieren, dann kann man mit kaum mehr Aufwand gleich einen ganzen Vorrat herstellen. Diesen Überschuss in Portionsbeutel einschweißen und einfrieren. Bei Bedarf die Beutel rechtzeitig aus dem Gefrierer holen und die Spätzle bei Zimmertemperatur oder im Kühlschrank auftauen. Aufgewärmt sind die Spätzle ganz fix in der Mikrowelle – sie schmecken wie frisch. Und: Sie sind nicht so kalorienreich, wie wenn man sie in der Pfanne in Butter aufschmälzt. Auf diese Weise kann man seine Gäste beeindrucken und auch mal dreierlei Spätzle servieren: rote, grüne und goldgelbe – sieht einfach umwerfend aus.

Bezugsquellen für verschiedene Küchenhelfer:
Außerhalb des Schwabenlands ist es nicht ganz so selbstverständlich, dass man das entsprechende Handwerkszeug zu kaufen bekommt. Aber im Zeitalter des Internets kann man sich ja alles bequem zuschicken lassen. Hier ein paar Adressen:

Spätzlepressen mit klassischen Löchern und auch mit neuartigen Schlitzen in unterschiedlicher Größe:
Robert Kull GmbH
Im Fuchshau 26
73635 Rudersberg
Tel: 07183/307778-0
Fax: 07183/307778-50
www.kull-gmbh.net/haushalt_spaetzle_fix.html

Spätzle-Profi aus Edelstahl mit einer Vertiefung und Schaber von Silit: Art.-Nr. 0022.7002.01, im Fachhandel

Spätzlebrett, -schaber und -hobel bei
GSD-Haushaltsgeräte – Gabriel Streicher GmbH & Co. KG
Neulandstraße 14
78588 Denkingen
Tel: 07424/85217
Fax: 07424/84058
info@gsd-haushaltsgeraete.de
www.gsd-haushaltsgeraete.de

Rote-Bete-Spatzen auf jungem Spitzkohl

Sie sehen einfach verblüffend aus, diese pinkfarbenen Spatzen oder Knöpfle, deren Form man erzielt, indem man den mit pürierter roter Bete gefärbten Teig durch ein Lochsieb streicht. Serviert werden die R-B-S mit einem Salat aus hauchdünn gehobeltem Spitzkohl. Und dann passt, wie zu allen schwäbischen Gerichten, glänzend dazu eine ordentliche Portion Kartoffelsalat.

ZUTATEN

Für vier bis sechs Personen:

200 g Rote Bete
(auch die fertig gekochten aus dem Gemüseregal)
2 EL Butter
1 kleine Zwiebel
1 Schuss Sahne
Salz
Pfeffer
3 Pimentkörner
1 kleine getrocknete Chilischote
ca. 350–400 g Mehl
3–4 Eier

Spitzkohlsalat:

1 kleinerer Spitzkohlkopf (ca. 800 g)
1 TL Salz
2 EL milder Essig
½ TL Kümmel
Pfeffer
2–3 EL Olivenöl

1 Die Rote Bete in etwas Salzwasser weich kochen, dann pellen (die gekocht gekaufte – wenn nötig – häuten), mit der in Butter weich gedünsteten Zwiebel und etwas Sahne im Mixer glatt pürieren. Salzen, pfeffern und die im Mörser zerriebenen oder mit dem Fleischklopfer zerdrückten Pimentkörner und die Chilischote zufügen. Alles nochmals aufmixen. In eine Schüssel mit dem Mehl und den Eiern geben und mit den Knethaken der Küchenmaschine (Handrührer) oder mit einem Holzlöffel mit der Hand zu einem glatten, zähen Teig rühren, der Blasen wirft. 30 Minuten ruhen lassen.

2 Diesen Teig durch die runden Löcher des Spätzlesiebs streichen und ins Kochwasser befördern. Herausfischen, wenn die Spatzen oben schwimmen. In heißem Wasser abspülen.

3 Den Spitzkohl kann man bereits vorher zubereiten: welke Blätter entfernen, den Kopf halbieren, dann auf dem Gurkenhobel in feine Streifen schneiden. In einer Schüssel mit Salz bestreuen und mit den Händen gründlich durchkneten, bis die Streifen weich werden. Dann kurz abbrausen und sehr gut abtropfen lassen. Mit Essig, Kümmel, Pfeffer und wenig Öl anmachen und umwenden, bis der Salat schön glänzt.

4 Die Kartoffeln für den Kartoffelsalat bereits 2 bis 3 Stunden vor dem Essen aufsetzen und gar kochen. Noch eben lauwarm pellen und in dünne Scheiben rädeln. Mit heißer Brühe, Essig, Salz und Pfeffer gut vermischen. Die Kräuter fein schneiden, die Radieschen in dünne Scheibchen hobeln und unter den Salat heben. Erst am Ende das Öl einarbeiten.

Kartoffelsalat mit Frühlingszwiebeln:
800 g festkochende Kartoffeln
4 EL heiße Brühe
2–3 EL Apfelessig
Salz
Pfeffer
1 kleiner Bund Schnittlauch
1 Bund Dill
1 Bund Radieschen
2 EL Olivenöl

ANRICHTEN

Die heißen Rote-Bete-Spatzen in der Tellermitte aufhäufen, rundum den Krautsalat anrichten und einen Klecks obenauf setzen. Den Kartoffelsalat daneben betten.

GETRÄNK

Dazu passt ein kühles Bier oder ein gut gekühlter Spätburgunder Rosé; wir haben einen vom Weingut Dolde von der Schwäbischen Alb getrunken.

Spinatspätzle zu Hähnchenschenkeln in Weißweinsauce

ZUTATEN

Für vier Personen:

250 g blanchierter Spinat (kann auch TK sein)
4 Eier
Salz
Pfeffer
Muskat
400 g Mehl

Hähnchenschenkel in Weißweinsauce:
4 Hähnchenkeulen
1 EL Olivenöl
Salz
Pfeffer
2 Thymianzweige
1 Knoblauchzehe
1 kleines Glas Weißwein
3 EL Kalbs- oder Geflügelfond
Saft und abgeriebene Schale von 1 ½ Zitronen
50 g Butter
einige Tropfen Balsamico
Schnittlauch
Kerbel oder Estragon

Spinatspätzle sind beides: Zusammen mit einem Salat ein ganzes Essen, das nicht nur Vegetariern Freude macht, aber auch eine ebenso wohlschmeckende wie feine Beilage. Zum Beispiel, wie hier, zu unseren Hähnchenkeulen.

1 Für die Spinatspätzle blanchierten Spinat mit dem Pürierstab glatt mixen. Dabei mit Salz, Pfeffer und Muskat würzen. Alles in eine Rührschüssel füllen, das Mehl und die Eier zufügen und jetzt mit den Knethaken einen glatten Spätzleteig rühren. 30 Minuten ruhen lassen. Anschließend vom Brett schaben (in diesem Fall muss der Teig etwas fester sein) oder durch die Presse drücken und in Salzwasser garen.

2 Die Hähnchenkeulen im Gelenk in Ober- und Unterschenkel teilen. Das ist zwar nicht unbedingt zum Garprozess nötig, aber die beiden Teile sehen auf dem Teller schöner aus und lassen sich auch leichter verspeisen. Manche bevorzugen die Ober-, andere die Unterschenkel – es kann also jeder das bekommen, was er lieber mag.

3 In einer Pfanne wenig Öl erhitzen, etwas Salz und Pfeffer hineinstreuen, die Thymianzweige und die zerdrückte Knoblauchzehe hineinlegen. Die Hähnchenteile darin zunächst auf der einen Seite schön knusprig braten, dann umdrehen und auch auf der anderen Seite bräunen. Insgesamt etwa 10 Minuten. Dann die Stücke auf einem doppelt gelegten Stück Alufolie oder einem Teller, Haut nach oben, zum Nachziehen für 20 Minuten in den mit 120 °C (Heißluft; Ober-/Unterhitze 140 °C) vorgewärmten Ofen legen.

4 Die Thymianzweige aus der Pfanne entfernen, die Knoblauchzehen ausdrücken, Schalen ebenfalls entfernen, den Bratenfond in der Pfanne mit Wein ablöschen, Fond hinzufügen und etwas einkochen, mit Zitronensaft und -schale würzen. Am Ende die Butter in Stückchen unterrühren. Das macht die Sauce cremig und gibt ihr Glanz. Man kann alles auch gut mit dem Pürierstab aufmixen. Mit einem guten Spritzer Balsamico, Pfeffer und Salz abschmecken. Wer mag, rührt jetzt noch Schnittlauch oder Kerbel, noch besser: fein geschnittenen Estragon hinein.

Zum Servieren die Hähnchenteile entweder auf einer Platte oder auf Tellern anrichten. Die Spinatspätzle danebensetzen. Die Sauce rund herum klecksen.

GETRÄNK

Dazu darf es ruhig ein gehaltvoller Rotwein sein, ein Spätburgunder oder auch ein sommerlicher fruchtiger Zweigelt aus Ziersdorf in Niederösterreich.

Neue Kartoffeln

Neue Kartoffeln:

Frisch geerntet – heiß geliebt

Kartoffeln lieben wir sehr, denn man kann sie so unendlich vielseitig zubereiten. Besonders begehrt sind natürlich immer die jungen, die neuen Kartoffeln. Vor allem, wenn sie endlich – ab ungefähr Juni – aus dem heimischen Anbau auf den Markt kommen. Festfleischig, goldgelb, herrlich duftend, wenn sie gekocht sind, einfach wunderbar kartoffelig. Nicht mehlig, sondern festkochend – regelrecht saftig. Einfach besser als das meiste, was aus den Frühanbauländern zuvor importiert wurde. Diese Kartoffeln sind oft noch ziemlich wässrig, und es fehlt ihnen der typische Kartoffelgeschmack.

Und weil jetzt endlich Kräuter in verschwenderischer Fülle zu haben sind, die ja blendend zu Kartoffeln passen, haben wir wieder einmal Lieblingsrezepte ausgekramt.

Neue Kartoffeln

Wenn die Kartoffeln aus der Vorjahresernte allmählich müde und welk werden, freut man sich auf das junge Gemüse. Die ovalen Frühkartoffeln, deren noch nicht feste Schale wie Flöckchen lose aufsitzt, sind meist ziemlich rötlich, wie die Erde in Zypern oder Ägypten, woher die

ersten Importe kommen. Und fast immer ist man enttäuscht, weil sie leider nicht halten, was sie versprechen. Oft riechen sie rübig und gar nicht schön kartoffelig, wenn man sie gekocht hat. Sie fühlen sich weich, sogar schwammig auf der Zunge an und glasig. Vermutlich, weil sie zu früh aus der Erde geholt wurden und nicht wirklich ausgereift sind. Kurz: Kartoffeln schmecken einfach besser, wenn sie aus der Nähe kommen und nicht von weither herangeschafft werden müssen. Abgesehen davon, dass es einfach sinnvoll ist, wenn die ökologische Bilanz stimmt.

Hinzu kommt, dass junge Kartoffeln noch nicht so viel Stärke ausgebildet und eingelagert haben. Das macht sie leichter, sie wirken gemüsiger. Neue Kartoffeln sind eben nicht mehlig und eignen sich deshalb nicht für alle Kartoffelgerichte. Man sollte also nicht versuchen, aus neuen Kartoffeln Püree, eine cremige Suppe oder Klöße zu produzieren, dafür reicht ihr Stärkegehalt nicht aus. Umso besser eignen sie sich zum Puressen.

Wir warten deshalb immer lieber bis zum Juni, wenn die ersten Kartoffeln aus den gut durchwärmten, sandigen Böden der Pfalz oder Brandenburgs auf die Märkte kommen. Genau im richtigen Moment, um beispielsweise auch das Frühlingsgemüse par excellence zu begleiten, den Spargel.

Kartoffel-Tipps

Bei den jungen Kartoffeln ist die Haut noch hauchdünn, auch noch nicht so richtig gefestigt. Sie sitzt nur flöckchenweise obenauf und deshalb lässt sich eine Menge schon durch kräftiges Bürsten entfernen. Einfach unter fließendem Wasser mit einer festen, handlichen Bürste (gibt's zum Beispiel im Asienladen oder im Spezialbürstengeschäft) kräftig bürsten oder mit dem speziellen Kartoffelhandschuh abreiben, den es neuerdings in Haushaltsgeschäften gibt. Dadurch wird bereits ein Großteil der lockeren Schale entfernt. Und was dann noch dransitzt, kann man bedenkenlos mitessen.

Junge Kartoffeln werden üblicherweise in wenig Wasser gekocht – übrigens: nie heftig und sprudelnd kochen, das verkürzt die Kochzeit sowieso nicht, sondern lieber gerade eben um den Siedepunkt garen. Doch gerade junge Kartoffeln lassen sich auch perfekt dämpfen. Das ist gut, weil sie dann nicht im Wasser liegen und aufgeschwemmt werden, sondern schonend im heißen Dampf garen.

Übrigens: Etwas Salz im Kochwasser tut den jungen Kartoffeln, deren Schale ja durchlässig ist, gut. Es kann grobes Meersalz sein, das sich nur langsam auflöst.

Beim Einkaufen sollte man darauf achten, dass die Kartoffeln sich fest anfühlen. Und zu Hause sollte man sie bald verbrauchen – also keine größeren Vorräte anlegen. Noch eines: Sie gehören nicht in den Kühlschrank. Dort es ist zu kalt für sie. Sie möchten zwar kühl (bei ca. 8 bis 12 °C) und dunkel lagern, aber auf keinen Fall zu kalt.

TIPP

Bezugsquelle für Kartoffelhandschuhe
http://www.waschbaer.de/Kartoffelputz-Handschuhe--1010d1a170141.html?query=kartoffel

Neue Kartoffeln mit Kümmel und Hackepeter

Eine herzhafte Variante: Die Kartoffeln werden diesmal nicht gekocht, sondern gebacken. Anschließend mit frischen Kräutern bestreut und zu Hackepeter oder Schweinemett serviert.

1 Die Kartoffeln gut bürsten, längs halbieren. Mit der Schnittfläche auf ein Blech setzen, das mit Öl bestrichen und mit Kümmel, Pfeffer und Salz bestreut wurde. Die Kartoffeln jetzt noch von oben mit Öl einpinseln und schließlich im vorgeheizten Ofen bei 200 °C (Heißluft; Ober-/Unterhitze 220 °C) ca. 10 bis 20 Minuten backen, bis sie weich sind. Wie lange das dauert, hängt natürlich von ihrer Größe und Dicke ab.

2 Die fertigen Kartoffeln mit fein geschnittenem Liebstöckel bestreuen und auf einer Platte anrichten. Den Hackepeter dazu ebenfalls auf einer Platte aufhäufen und rundum fein gewürfelte Zwiebel und fein gehackte Petersilie streuen.

GETRÄNK

Ein Gutedel oder Chasselas (Schweiz: Fendant) oder – passt zum Kümmel besonders gut – ein Schwarzbier.

ZUTATEN

Für vier Personen:

1 kg neue Kartoffeln
2–3 EL Olivenöl
1–2 EL Kümmel
grobes Meersalz
Pfeffer
2 Liebstöckelzweige
ca. 500 g Hackepeter
(bzw. Schweinemett – siehe Tipp)
1–2 weiße Zwiebeln
glatte Petersilie

TIPP

Hackepeter, auch Schweinemett genannt, muss man eventuell beim Metzger bestellen – er ist nicht überall im Angebot. Es handelt sich dabei um durchgedrehtes Fleisch vom Schwein (aus der Schulter, meist eine gute Mischung aus zwei Teilen magerem und einem Teil fettem Fleisch), das bereits gewürzt ist. Die meisten Metzger haben ihre ureigene Mischung.

Natürlich kann man auch selbst Fleisch durch den Wolf drehen. Die Masse wird dann mit Salz, Pfeffer, etwas Paprikapulver, vielleicht auch mit abgeriebener Zitronenschale, frischer Zwiebel und Petersilie gewürzt. Unbedingt einen Schuss eiskaltes Wasser untermischen, damit sich die Gewürze auflösen und gut ins Fleisch eindringen.

Übrigens passt zu den Kümmelkartoffeln natürlich auch unser Schnittlauchquark ganz vorzüglich.

Neue Kartoffeln mit Radieschen, Schnittlauchsalat und Schnittlauchquark

ZUTATEN

Für vier bis sechs Personen:

1,2 kg neue Kartoffeln
½ TL grobes Meersalz
2 Bund Radieschen
feines Salz oder Fleur de Sel
Butter

Ein richtiges Frühlingsessen, das obendrein gesund und bekömmlich ist, weil es alles, was der Körper jetzt braucht, in Reinkultur liefert: Vitamine, Mineralstoffe, Ballaststoffe, Kohlenhydrate – und zwar in seiner wohlschmeckendsten Form.

1 Die gründlich gebürsteten Kartoffeln gar kochen – um zu überprüfen, was man lieber mag und wie der Unterschied schmeckt, kann man ja eine Portion dämpfen und die andere in Wasser kochen.

2 In der Zwischenzeit die Beilagen bereiten. Die Radieschen waschen und putzen; es sieht übrigens hübscher aus, wenn man ihnen ein grünes Schöpfchen lässt.

3 Butter und Salz in Schälchen füllen. In Frankreich liebt man Radieschen nämlich so: Immer ein Stückchen Butter auf das Radieschen setzen und einige Körnchen Salz darüberstreuen – schmeckt in der Tat umwerfend. Das kann man natürlich auch mit Kartoffelstückchen machen.

TIPP

Bei jungen Kartoffeln, die ja noch eine sehr dünne Schale haben, lohnt es sich, das Kochwasser zu würzen, mit Salz, Lorbeer oder Knoblauch. Ausgewachsene Kartoffeln mit ausgereifter Schale lassen diese Gewürze durch ihre feste Schale nicht mehr hindurch – da kann man sich diese Zugabe sparen.

Schnittlauchsalat:
3–4 Bund Schnittlauch
3–4 Eier
Salz
Pfeffer
3 EL milder Apfelessig
3–4 EL Olivenöl

Kräuterquark:
500 g Magerquark
Salz
Pfeffer
etwas abgeriebene Zitronenschale
2–3 EL Zitronensaft
1–2 EL aromatisches Olivenöl
½ TL grünes Paprikapulver
Schnittlauch
wilde Rauke
Kresse
Pimpinelle
Koriandergrün
Petersilie
Französischer Estragon

4 Für den Schnittlauchsalat die Halme in feine Röllchen schneiden. Die Eier in 8 bis 9 Minuten fast hart kochen, kurz abschrecken, dann pellen und mit dem Messer oder mit dem Eierschneider fein würfeln. In einer Schüssel alles mischen, mit Salz, Pfeffer, Essig und Öl verrühren. Dabei löst sich das Eigelb auf und verbindet sich mit Essig und Öl zu einer cremigen Sauce.

5 Für den Kräuterquark den Magerquark mit Salz, Pfeffer, Zitronenschale, -saft, Öl und Paprikapulver glatt rühren und abschmecken. Die fein geschnittenen Kräuter unterrühren. Alles auf den Tisch stellen.

GETRÄNK

Dazu passt ein junger, frischer Riesling, zum Beispiel mit der Lagenbezeichnung „Frühlingsplätzchen“ aus Monzingen an der Nahe.

Neue Kartoffeln mit Matjes

Ein ideales Paar: dampfend heiße neue Kartoffeln und zarter junger, gut gekühlter Matjes. Auch er hat jetzt Saison. Es ist wieder ein schnelles Essen, das beim Einkauf mehr Mühe macht als in der Küche.

ZUTATEN

Für vier Personen:

1 kg neue Kartoffeln
300 g (1 Paket) Kenia- bzw. grüne Bohnen (stricknadeldünn!)
Salz
2–3 junge Knoblauchzehen
Petersilie (wenn vorhanden, auch Liebstöckel, Rauke, Kresse, Basilikum)
3 EL Olivenöl
Pfeffer
1 Zitrone
4–6 ganze Matjes oder doppelt so viele Filets
1 rote (oder auch weiße) Zwiebel oder 2–3 Frühlingszwiebeln

1 Die Kartoffeln bürsten und gar kochen oder dämpfen. Die Bohnen putzen, in stark gesalzenem Wasser bissfest kochen, nur kurz abschrecken, dann mit fein zerriebenem oder durch die Presse gedrücktem Knoblauch, reichlich gehackten Kräutern und Olivenöl, Salz, Pfeffer sowie Zitronensaft leicht anmachen.

2 Die Matjes mit Küchenpapier sauber abwischen – es haftet noch viel überschüssiges Fett daran, das in zunehmender Wärme tranig riechen kann.

3 Die Zwiebel schälen und sehr fein hobeln, auf den Matjes verteilen. Alles zu Tisch bringen. Fertig ist ein leichtes, schnelles Essen …

GETRÄNK

Wein zu Matjes ist schwierig. Es gibt nur wenige Weine, die sich mit ihm vertragen. Ratsam ist eher ein Pils oder Helles oder auch ein Cidre.

TIPP

Es sieht besonders hübsch aus, wenn man die Matjesfilets auf Eiswürfeln anrichtet. Unbedingt Klarsichtfolie dazwischenlegen, damit die Fische nicht direkt mit dem Eis in Kontakt kommen.

Das Besondere am Matjes

Die jungen Heringe sind jetzt, im Frühjahr/Frühsommer, schön fett und besonders zart. Sie sind aus den kalten Gewässern, in denen sie überwintert haben, im Frühjahr in hellere und wärmere Regionen gezogen und haben sich vom dort reichlichen Plankton rund und fett gefressen – deswegen schmecken sie so besonders gut.

Am zartesten sind natürlich die jungen Heringe, bevor sie zum ersten Mal laichen, die echt jüngferlichen, daher auch der Name: „Maatjesharing" ist eine Abwandlung des niederländischen Begriffs „maagden" = Jungfrauen und bedeutet so viel wie Jungfrauenhering. Eine besondere Qualitätsbezeichnung ist „primtjes" für diese sehr jungen Heringe mit einem hohen Fettgehalt.

Die Heringe werden – bis auf einen Teil ihrer Bauchspeicheldrüse, dem sogenannten Pankreas – ausgenommen und eingesalzen. Die Enzyme dieser Drüse sind nötig zum Reifen der Heringe, wofür man sie in Fässer schichtet und einige Tage lang durchziehen lässt, bis ihr Fleisch butterzart und rosa geworden ist und auf der Zunge zergeht.

Heute nimmt man auch ausgewachsene Heringe dafür, die um diese Jahreszeit den jungen fast ebenbürtig sind. Übrigens werden alle Heringe stets erst tiefgekühlt und nach Bedarf verarbeitet. Es gibt sie also das ganze Jahr über in gleicher Qualität.

Neue Kartoffeln mit Spargel

ZUTATEN

Für vier Personen:

1 kg neue Kartoffeln
1 kg weißer Spargel
Salz
1–2 TL Zucker
75 g Butter
Pfeffer
Zitronensaft
2 EL Olivenöl
Kräuter (z. B. Rauke, Französischer Estragon)

Ebenso klassisch wie perfekt als Begleitung ist natürlich Spargel. Er hat jetzt Hochsaison, und die sollte man unbedingt nutzen, denn nach dem 24. Juni, dem Johannitag, ist wieder Schluss für ein ganzes Jahr. Wir verwenden beide Sorten, den grünen und den weißen – einfach, weil das hübscher und frühlingsfrischer aussieht.

1 Die Kartoffeln schrubben und gar dämpfen oder kochen. In der Zwischenzeit den Spargel schälen. Die Schalen in einer Kasserolle in etwa 750 Millilitern Wasser mit etwas Salz, Zucker und einem Stückchen Butter auskochen. Dann die Schalen entfernen.

2 Vom Spargel die unteren Enden zwei, drei Finger breit abschneiden. Diese Stücke im Spargelschalensud absolut weich kochen. Die Spargelstangen auf ein großes Stück Alufolie legen, die auf einem Backblech ausgebreitet ist. Einige Butterflöckchen dazwischenbetten, den Spargel mit Salz, Pfeffer und Zucker bestreuen. Einen kleinen Schöpfer Spargelschalensud darüberträufeln. Einen Estragonzweig darauflegen.

TIPP

Den Spargel nach dem Einkauf in ein feuchtes Tuch wickeln und im Gemüsefach des Kühlschranks aufbewahren. So bleibt er auch noch zwei Tage lang frisch. Übrigens tut es auch grünem Spargel gut, wenn er geschält wird, dann ist er bis zum letzten Bissen ein Vergnügen.

3 Die Folie über dem Spargel hochheben und zusammenfalten, das Paket sollte luftig, aber überall gut verschlossen sein. In den 200 Grad heißen Ofen schieben (Heißluft; Ober-/Unterhitze 220 °C) und etwa 25 bis 35 Minuten garen – sehr dicke Spargelstangen eventuell noch 5 Minuten länger. Damit sie gleichmäßig garen, ist es wichtig, dass sie nebeneinander, nicht übereinander liegen.

4 Für den Folienspargel bereiten wir eine Sauce aus den weich gekochten Abschnitten: Mit der Schaumkelle in einen Mixbecher heben, 2 bis 3 Esslöffel Butter, Salz, Pfeffer sowie etwas von den Kräutern zufügen und mit dem Mixstab glatt pürieren. Mit Zitronensaft abschmecken.

Grüner Spargel aus dem Wok

ZUTATEN

500 g grüner Spargel
1 rote Zwiebel
4–5 Knoblauchzehen
4–5 gekochte neue Kartoffeln
2 EL Olivenöl
Salz
Pfeffer
1 Prise Zucker
½ Glas Weißwein
Koriandergrün

1 Den grünen Spargel waschen, schälen und dann schräg in Stücke schneiden. Die rote Zwiebel in schmale Spalten, den Knoblauch pellen und in Scheibchen schneiden. Auch die Kartoffeln in Spalten oder Stifte schneiden.

2 In einer großen Pfanne (oder besser noch im Wok) das Öl erhitzen, zuerst die Spargelstücke darin unter Rühren 30 Sekunden braten. Die Zwiebelstücke und den Knoblauch sowie die Kartoffeln zufügen. Sofort salzen, pfeffern, nach 1 Minute auch mit 1 Prise Zucker bestreuen und karamelisieren. Wenn alles schöne Bratspuren zeigt, den Wein angießen. Nochmals aufkochen und alles mischen. Zum Schluss zerzupfte Korianderblättchen darüberstreuen und anrichten.

3 Alles zu Tisch bringen: Die neuen Kartoffeln in einer Schüssel, dazu den Foliensparger und den gebratenen Spargel, beides hübsch jeweils auf einer Platte angerichtet, und die Sauce in einer Sauciere.

GETRÄNK

Ein herzhafter Silvaner aus Franken oder Rheinhessen.

TIPP

Aus dem restlichen Spargelsud wird noch ein fabelhaftes Süppchen: 1/2 Becher Sahne zufügen und einige Minuten miteinander köcheln lassen. Inzwischen 2 Eigelb mit etwas Sahne glatt mixen, mit Salz, Pfeffer und Zitronensaft würzen. Unter Rühren in den kochenden Sud gießen – wichtig, weil sonst das Eigelb gerinnt. Jetzt alles unter ständigem Rühren erhitzen, bis das Eigelb bindet. Nur nicht kochen lassen, damit nichts ausflockt. Zum Schluss fein gehackte Petersilienblätter hinzufügen.

Neue Kartoffeln mit Pasta & Pesto

Das mag ja verrückt klingen, aber in Ligurien ist das ein heiß geliebtes Gericht: Wir brauchen dafür schmale Bandnudeln oder feine Spaghetti – keine Eiernudeln, die schnell gar sind, sondern bissfeste Hartweizenpasta. Das ist wichtig, damit die Garzeit stimmt: Es werden nämlich die Nudeln mit Kartoffelscheiben zusammen gekocht, zum Schluss werden auch noch feine Streifen von breiten grünen Bohnen mitgegart, und am Ende wird alles mit einem Basilikumpesto vermischt. Der färbt alles leuchtend grün, es duftet verführerisch, und es schmeckt unglaublich.

1 Einen großen Nudeltopf mit Wasser aufsetzen und zum Kochen bringen. Sobald es aufwallt, stark salzen und die Pasta hineingeben.

2 Unterdessen die Kartoffeln schälen, in halbfingerdicke Stifte schneiden. Nach der halben Garzeit der Pasta die Kartoffeln in den Nudeltopf geben. Die Bohnen putzen, schräg in schmale Streifen schneiden. Nach einer weiteren Minute zur Pasta in den Topf geben und mitgaren.

3 Für den Pesto die Blätter von den Stielen zupfen, mit Parmesan, Pinienkernen und geschältem Knoblauch, mit Salz, Pfeffer und Olivenöl in einen schmalen, hohen Mixbecher füllen. Mit dem Pürierstab glatt mixen, am Ende einen Schuss Kochwasser mitmixen.

4 Sobald die Pasta bissfest ist, alles in ein großes Sieb schütten, nicht abtropfen, sondern tropfnass zurück in den Topf füllen. Den Pesto zufügen und jetzt alles rasch mit zwei großen Löffeln mischen, dabei so viel Kochwasser untermischen, bis die Pasta von einer cremigen, leuchtend grünen Sauce umhüllt ist. Unverzüglich in tiefe Teller verteilen und servieren.

Wichtig: Die Pasta darf keine Sekunde stehen, sondern muss sofort verspeist werden. Dann duftet und schmeckt sie einfach unübertroffen.

GETRÄNK

Ein Vermentino aus Ligurien, es könnte auch ein frischer Rotwein sein, zum Beispiel ein junger Merlot oder ein weiß gekelterter Spätburgunder, etwa aus der Pfalz oder aus Baden.

ZUTATEN

Für vier Personen:

300 g Hartweizengrießnudeln (Spaghetti oder schmale Bandnudeln/Trenette)
Salz
250 g neue festkochende Kartoffeln
250 g breite grüne Bohnen

Grüner Pesto:
1 dicker Strauß Basilikum
50 g frisch geriebener Parmesan
1 kleine Handvoll junge Knoblauchzehen
30 g Pinienkerne
Salz
Pfeffer
100 g Olivenöl

Gold für die Küche: Olivenöl

Olivenöl:

Kochen und Backen nach neuen Rezepten

Zum Olivenöl werden immer wieder die gleichen Fragen gestellt. Wofür kann ich Olivenöl verwenden? Darf ich damit kochen, braten, frittieren? Wo und wie finde und erkenne ich gutes Olivenöl? Und wie gehe ich überhaupt mit Olivenöl richtig um?

Um das zu lernen, braucht man nur nach Italien zu schauen, nach Südfrankreich, Spanien oder Griechenland! Eben dorthin, wo Oliven gedeihen und wo Olivenöl deshalb eine ganz alltägliche Zutat ist.

Deshalb nehmen wir erst einmal typische Produkte, zu denen Olivenöl bestens passt, und bereiten daraus verschiedene Gerichte zu.

Bohnenkerne

Am besten schmecken die frischen Bohnenkerne, die man ab Ende August bis Oktober frisch kaufen kann. Manchmal findet man sie auf dem Markt sogar bereits aus ihren Schoten gelöst. Es gibt sie in verschiedenen Farben, weiß oder grün sind sie am häufigsten zu finden; dann gibt es die hübsch gesprenkelten Wachtelbohnen und die großen farbenprächtigen Feuerbohnenkerne, die man in Österreich Käferbohnen nennt. Man kann natürlich auch getrocknete Bohnenkerne verwenden, unter denen man ebenfalls aus einer großen Vielfalt wählen kann. Sie sollten vor dem Kochen – am besten über Nacht – eingeweicht werden, das verkürzt nicht nur die Kochzeit, es macht die Bohnen auch zarter, schmelzender. Zur Not kann man auch Bohnenkerne aus der Dose nehmen, aber die haben häufig einen Dosengeschmack, der sie gleich von frischen Bohnen unterscheidet.

ZUTATEN

Für vier Personen:

300 g frische Bohnenkerne oder etwa 200 g getrocknete (wie oben beschrieben über Nacht eingeweicht)
Salz
2 Knoblauchzehen
3 Salbeiblätter

1 Die Bohnen in einem Topf 2 Finger hoch mit Wasser bedecken, Salz hinzufügen, ebenso die geschälten, zerdrückten Knoblauchzehen und die ganzen Salbeiblätter. Ohne Deckel zum Kochen bringen. Unbedingt dabeibleiben, denn es entwickelt sich jetzt viel Schaum, der leicht überkocht. Das ist Eiweiß, das überdies fest wird und die Bohnen hart macht, wenn man nach dem ersten Aufwallen die Hitze nicht energisch herunterschaltet.

2 Dann sollen die Bohnen unterhalb der Siedetemperatur leise gar ziehen, sie dürfen auf keinen Fall sprudelnd kochen. Dabei den Deckel auflegen, damit im Topf gleichmäßige Temperatur herrscht.

3 Je nach Frische und Größe der Bohnen dauert das Weichwerden zwischen 30 (wenn die Bohnenkerne frisch sind) und 60 Minuten oder mehr (wenn die Bohnenkerne getrocknet waren). Deshalb immer wieder probieren.

Bohnenkerne mit Tomatenwürfeln

Eine Beilage zu jeder Art von gebratenem Fleisch oder Fisch.

Die heißen Bohnenkerne mit einer Schaumkelle aus dem Kochsud heben, gut abtropfen lassen und in einer Schüssel anrichten, Tomatenwürfel darüberstreuen (die Kerne aufbewahren – siehe unten), zerzupftes Basilikum obenauf, etwas Zitronenschale dazureiben, fein gehackten oder zerriebenen Knoblauch hinzufügen, etwas Olivenöl und einige Tropfen Balsamico darüberträufeln.

ZUTATEN

Für vier Personen:

1 Grundrezept Bohnenkerne
2 Tomaten
1 Bund Basilikum
abgeriebene Schale von ½ Zitrone
2–4 Knoblauchzehen
2 EL Olivenöl
nach Belieben einige Tropfen Balsamico

Salat von Bohnenkernen mit Tomaten und Hühnerleber

Eine feine Vorspeise in einem großen Menü, aber auch ein hübscher Imbiss.

1 Die Salate und Kräuterblätter putzen, waschen, zerzupfen und auf Tellern verteilen. Die Bohnenkerne und Tomatenwürfel dazwischenstreuen.

2 Eine Marinade aus Senf, Salz, Pfeffer, Essig und Olivenöl anrühren. Kleckweise über den Salat träufeln. Am Ende auch einige Tropfen Balsamico.

3 Die Leber sehr sorgfältig putzen, alle Häute und Sehnen entfernen und in ihre natürlichen Hälften teilen. Olivenöl in einer beschichteten Pfanne erhitzen, die Leber rasch auf beiden Seiten darin braten, bis sie rundum hübsch gebräunt ist. Dabei Salbeiblätter mitbraten, auch gleich mit Salz, Pfeffer und Zitronensaft sowie Zitronenschale würzen. Fein gehackte Petersilie dazu und mit Balsamico beträufeln. Danach neben dem Feuer noch einige Minuten durchziehen lassen. Erst dann auf dem Salatbett anrichten.

BEILAGE

Hier braucht man wirklich nur ein Stück Brot, ganz nach Gusto Bauern- oder Weißbrot.

GETRÄNK

Ein knackiger Weißer aus Südfrankreich, üppig und aromatisch, mit saftiger Säure.

ZUTATEN

Für vier Personen:

1 kleiner Kopfsalat
je 1 Handvoll Rauke, Kresse und andere Salat- oder Kräuterblätter
1 Portion Bohnenkerne mit Tomatenwürfeln (wie oben)

Marinade:
½ TL Senf
Salz
Pfeffer
2 EL Rotweinessig
3 EL Olivenöl
1 EL Birnenbalsamico (oder ein anderer heller Balsamico)

Gebratene Hühnerleber:
300 g Hühnerleber
2 EL Olivenöl
1 Händchen voll Salbeiblätter
Salz
Pfeffer
Zitronensaft
etwas abgeriebene Zitronenschale
Petersilie
Balsamico

Bohnenkerne mit gebratenem Lammfilet

ZUTATEN

Für zwei Personen:

½ Portion Bohnenkerne (wie oben)
2 ausgelöste Lammfilets
2 EL Olivenöl
Salz
Pfeffer
4–5 junge Knoblauchzehen
einige Kräuterzweige
(Thymian, Rosmarin, Salbei)
die Kerne von 2 Tomaten
1 kleines Glas Weißwein
eventuell 1 guter Schuss Balsamico
3 EL Olivenöl für die Sauce

So wird aus der Beilage blitzschnell eine feine Vorspeise oder sogar ein originelles Hauptgericht:

1 Die Bohnenkerne zubereiten, wie im Rezept für die Beilage beschrieben. Auf zwei Tellern als Bett verteilen. Die Lammfilets in knapp 2 Löffeln Olivenöl in einer Pfanne rundum anbraten, dabei mit Salz und Pfeffer würzen. Die zerdrückten Knoblauchzehen sowie die Kräuterzweige im Ganzen hinzufügen und mitbraten.

2 Sobald das Fleisch rundum gebräunt ist, zum Nachziehen zwischen zwei Tellern im auf 50 °C vorgeheizten Backofen warm stellen. Die Tomatenkerne in den Bratensatz geben, mit Wein auffüllen und mit Balsamico würzen. Etwas einkochen lassen, dann die Kräuter entfernen. Den Fond mit den Knoblauchzehen in einem hohen Becher mit dem Mixstab glatt mixen, dabei das Olivenöl und zum Schluss auch den im Teller gesammelten Fleischsaft aus den Lammfilets mitmixen und abschmecken.

3 Das Fleisch schräg in Scheiben schneiden und auf den Bohnenkernen anrichten. Einen Teil der cremigen Sauce darüber- und rundumklecksen. Zusätzlich eine dünne Linie von goldgelbem Olivenöl über Fleisch und Bohnensalat ziehen – den sogenannten *filo d'olio*, einen Faden Olivenöl, wie man in Italien dazu sagt. Die restliche Sauce in einer Sauciere dazu reichen.

BEILAGE

Weißbrot genügt, am besten knuspriges Baguette. Man kann allerdings dazu auch geröstete Kartöffelchen reichen und hat so ein ganzes, sättigendes Essen.

GETRÄNK

Dazu gibt es einen herzhaften Wein – und zwar einen roten, etwa einen klaren, einfachen Chianti.

Warenkunde Olivenöl

Um Olivenöl beurteilen zu können, ist es gut, es zunächst in Augenschein zu nehmen: Man gießt davon jeweils etwas in weiße Schälchen, so kann man sehen, wie unterschiedlich die Öle in der Farbe sind. Manche sind ganz gelb, andere eher grünlich, es gibt helle, aber auch dunkle Öle. Denn wenngleich natürlich immer die Olive der Ausgangspunkt ist, gibt es docheine große Vielfalt von Olivensorten, die jeweils auch ein völlig anderes Öl mit eigenem Charakter ergeben. Auch kommt es darauf an, wo die Bäume stehen, Klima und Boden haben einen genauso wichtigen Einfluss wie der Zeitpunkt der Ernte. Reif geerntete Oliven ergeben ein weiches Öl, das fetter wirkt als das von frühzeitig oder sogar noch nicht ganz ausgereift geernteten Früchten. Unreife Oliven sind ja grün, sie färben sich mit zunehmender Reife allmählich dunkler und sind am Ende dunkelviolett, fast schwarz. Je reifer die Früchte sind, desto höher ist die Ölausbeute, aber desto geringer sind Qualität und geschmackliche Intensität – da muss also der Produzent die richtige Entscheidung treffen und den optimalen Zeitpunkt für das Verhältnis von Qualität zu Quantität wählen.

Wichtig für die Qualität des Olivenöls ist aber nicht nur der Zeitpunkt der Ernte, sondern natürlich auch die Sorgfalt, die man dabei aufwendet. Die Oliven sollten so schnell und so schonend wie möglich vom Baum genommen werden. Beste Qualitäten werden immer von Hand

gepflückt. In jedem Fall aber gilt: Oliven sollten nicht auf den Boden fallen und durch den Aufprall verletzt werden, sie dürfen auch nicht in zu großen Säcken oder Kisten zusammengedrückt werden – all das schadet dem Geschmack. Und sie sollten so schnell wie nur irgend möglich nach der Ernte gepresst werden. Je länger man damit wartet, desto höher steigt der Gehalt an Säure in der Olivenfrucht, es entstehen Oxidationsprodukte, auch sogenannte Freie Radikale, und es entwickelt sich am Ende ein unangenehmer, fettiger Beigeschmack.

In Olivenöl frittieren?

Das ist sicher die Frage, die wir am häufigsten hören, und wir verstehen gar nicht, wie man daran zweifeln kann. Warum sollte man nicht mit Olivenöl braten oder frittieren können? Tatsächlich lässt sich kaum ein Öl so hoch erhitzen wie Olivenöl. Es verträgt die hohen Temperaturen besser als jedes andere Öl.

Allerdings sollte man zum Frittieren nicht das junge Öl aus der ganz neuen Ernte nehmen, das noch voller frischer und fruchtiger Inhaltsstoffe steckt. Diese würden so hohe Temperaturen tatsächlich nicht überstehen. Jedoch verschwinden diese aromatischen grünen Bestandteile ja ohnehin nach einigen Monaten Lagerung, und dann kann man das Öl auch getrost erhitzen. Nicht nur deshalb ist es ratsam, in der Küche verschiedene Olivenöle gleichzeitig zu verwenden: das junge grünliche aus der letzten Ernte, aber auch eines aus der Vorjahres- oder einer noch weiter zurückliegenden Ernte. Auch Öle aus verschiedenen Regionen mit ihrem unterschiedlichen Geschmack lassen sich dann gezielt zum Würzen einsetzen.

Wo finde ich gutes Olivenöl?

Das wollen alle wissen! Dabei sind die Regale in den Supermärkten voll, und das Angebot ist riesig. Aber wie oft hat man eine Flasche gekauft und zu Hause ist man gar nicht glücklich über den vielleicht zu kräftigen Geschmack des Öls. Man traut sich kaum zu bemerken, dass es einem eigentlich ziemlich ranzig vorkommt. Trauen Sie sich ruhig! Das kann durchaus sein. Vor allem bei billigen Ölen vom Discounter oder aus dem Supermarkt kann man sein blaues Wunder erleben.

Mit Olivenöl wird leider ziemlich viel Schindluder getrieben. Da wird oft gepantscht, verschnitten oder falsch deklariert, und in die Flaschen werden die abenteuerlichsten Substanzen gefüllt.

Und woher weiß ich als Verbraucher, ob ich betrogen werde? Da gibt es nur eine Antwort: Schauen Sie aufs Etikett. Achten Sie darauf, dass Sie kein Öl aus einer anonymen Fabrikation bekommen, sondern von einem Produzenten, der es selbst erzeugt und abfüllt. Das ist immer das verlässlichste Qualitätszeichen. Denn wer mit seinem guten Namen für ein Produkt steht, wird Wert darauf legen, dass es ihm auch Ehre macht. Und es wird auf dem Etikett ausgewiesen: *prodotto e imbottigliato* oder *produit et mise en bouteille par* ...

Wenn Sie das lesen, dann können Sie ziemlich sicher sein, dass das Öl tatsächlich vom Produzenten aus Oliven gepresst wurde und man nicht in einer Fabrik Öle aus verschiedenen Gebieten zusammengeschüttet hat. Ganz sicher können Sie sein, gutes Öl zu bekommen, wenn Sie bei einem Weinimporteur oder einem guten Weinhändler Öl kaufen. Viele Weingüter rund ums Mittelmeer produzieren auch Öl, und mit betrügerischen Machenschaften würden sie ihren guten Ruf aufs Spiel setzen.

Und dann kommt es natürlich noch darauf an, ob Ihnen das Öl schmeckt. Die Herkunft bestimmt beim Öl genauso den Geschmack wie man das vom Wein kennt. Und diese verschiedenen Geschmäcker und Aromen kennenzulernen, macht unglaublich viel Spaß: Olivenöl aus meernahen Regionen, aus Ligurien, der Gegend um Lucca und Pisa in der Toskana, von Sizilien oder den griechischen Inseln etwa sind milder und sanfter als die eher strengen und bitteren Öle aus den höher gelegenen Gebieten der Toskana, Umbriens oder Apuliens. Allerdings sind die Unterschiede heute geringer geworden, seit man überall früher erntet und mehr Sorgfalt bei der Produktion an den Tag legt. Es kommen heute also aus allen Länden und Regionen der Welt gute Öle, aber leider auch weniger gute. Trotzdem lohnt es sich, immer wieder andere Öle zu testen und zu kosten und sie auch gezielt mit ihren unterschiedlichen Merkmalen einzusetzen, also wie ein Gewürz.

Olivenöl-Tipps

Olivenöl sollte man immer dunkel aufbewahren, deshalb werden sie auch meist in dunkle Flaschen abgefüllt. Nie gehört es in den Kühlschrank. Bei Temperaturen unter 12 °C beginnt das Öl dick zu werden, es flockt aus – das gibt sich zwar, sobald es wieder Zimmertemperatur bekommt, aber man sollte dem Öl diesen Schock nicht zu häufig zumuten. Allerdings: Man kann Olivenöl prima einfrieren. Das lohnt sich natürlich nur, wenn Sie mal ganz frisch gepresstes Öl, also direkt aus der Ölmühle bekommen. Das gefrorene Öl ist wie eine streichfähige Creme und schmeckt auf Crostini einfach toll. Nur muss man dann sehr bald servieren, denn das Öl schmilzt bei Zimmertemperatur rasch.

Ganz wichtig: Wenn sich am Boden der Flasche ein Satz abgesetzt hat, unbedingt das Öl in eine neue, saubere, möglichst auch kleinere Flasche umfüllen – die Luftsäule über dem Öl sollte stets so klein wie möglich sein. Andernfalls beginnen Oxidationen. Aber ansonsten hält sich Olivenöl problemlos und lange, es wird praktisch nicht ranzig, wenn man es immer richtig, also wie oben beschrieben, aufbewahrt. Zwar verliert es dann seinen pikanten, rassigen Geschmack, das Prickeln, das es auf der Zunge erzeugt, der leichte Bitterton, den manche Öle haben. Es wird milder und sanfter. Und dann ist es ideal zum Frittieren, aber auch zum Backen, es lässt sich in vielen Teigen anstelle von Butter einsetzen. Natürlich ist es auch zum Braten geeignet, weil es dann nicht mehr sehr vorschmeckt.

Knusprige Kartoffelbällchen mit Thunfisch

Ein hübscher Appetithappen und eine gute Gelegenheit, zu sehen, dass sich Olivenöl bestens zum Frittieren eignet.

ZUTATEN

Für vier bis sechs Personen:

500 g frisch gekochte Pellkartoffeln
1 EL Speisestärke
1 weiße Zwiebel
2–3 Knoblauchzehen
einige Stiele glatte Petersilie
1 Dose Thunfisch in Olivenöl (150 g)
75 g frisch geriebener Parmesan
1 Ei
Salz
Pfeffer
etwas Paprikapulver
(nach Gusto edelsüß oder rosenscharf – sogar beides!)
etwas abgeriebene Zitronenschale,
Hartweizengrieß zum Wälzen
Olivenöl zum Frittieren

1 Die Kartoffeln noch heiß durch die Presse in eine Schüssel drücken, wo sie auskühlen dürfen. Dann Stärke darüber verteilen.

2 Zwiebel und Knoblauch fein würfeln, Petersilie fein hacken, Thunfisch (das Öl vorher weggießen) zerpflücken. Alles zusammen mit dem Parmesan und dem Ei unter die Kartoffelmasse kneten. 15 Minuten ruhen und quellen lassen. Kräftig abschmecken, dann mit einem Teelöffel Portionen abstechen und zwischen den angefeuchteten Handflächen Bällchen formen. In Hartweizengrieß drehen, bis sie rundum davon überzogen sind.

3 Im heißen Olivenöl – am besten in einem Wok, darin kommt man mit wenig Öl aus! – schwimmend golden ausbacken. Auf mehrfach gelegtem Küchenpapier abtropfen lassen. Noch warm zum Aperitif servieren.

TIPP

Darauf achten, dass der Thunfisch in Olivenöl eingelegt ist, so schmeckt er besser und ist auf alle Fälle von besserer Qualität als der in Sonnenblumenöl konservierte oder der im sogenannten Natursaft (darunter verbirgt sich nichts anderes als Salzwasser).

Als Beilage gibt es eine

Knoblauch-Kräuter-Mayonnaise,

die – natürlich mit Olivenöl – wirklich im Handumdrehen gemacht ist: 1 EL Senf in ein hohes Mixglas, 1 Eigelb dazu, Salz, Pfeffer, Zitronensaft, 2 Knoblauchzehen sowie 1 rote, entkernte Chilischote und 1 Handvoll Kräuter nach Geschmack. Dann ca. 120 ml Olivenöl auffüllen. Mit dem Mixstab einmal auf- und abfahren – fertig ist eine dichte, wunderbar cremige Sauce. Wenn sie zu dick ist, kann man sie mit etwas Brühe verdünnen. Oder einen Löffel Joghurt unterrühren – das macht die Sauce leichter.

GETRÄNK

Ein sizilianischer Weißwein von der Rebsorte Grillo oder ein prickelnder Wein, zum Beispiel ein Prosecco oder Sekt.

Pimientos de Padrón

ZUTATEN

Für vier Personen:

1 Paket Pimientos de Padrón
2 EL Olivenöl
grobes Meersalz

So heißen die kleinen grünen Paprikaschoten, die man bei uns inzwischen überall kaufen kann, auch Bratpaprika genannt. Man brät sie in Olivenöl und isst sie dann mitsamt den Kernen – übrig bleibt nur noch der Stiel.

Die Paprika braucht man nicht einmal zu waschen, einfach aus der Packung nehmen und in die Pfanne damit, in der bereits das Öl nahezu raucht. Lange Stiele eventuell mit einer Schere kürzen, sie stören in der Pfanne, aber nicht vollkommen entfernen, damit man sie daran fassen und zum Mund führen kann. Dann immer wieder die Pfanne rütteln und schütteln, damit die Schoten herumgewirbelt werden und rundum Bratspuren bekommen. Dabei löst sich ihre Haut und schlägt Blasen, sie plustert sich richtig auf. Am Ende etwas grobes Meersalz darüber verteilen und sofort servieren.

Spaghetti mit Linsen und Tomaten

Wieder einmal die in Italien so beliebte Kombination von Hülsenfrüchten mit Pasta (siehe auch Seite 71 – Dicke Bohnen mit Pasta). Die Tomaten geben hier der Verbindung Farbe und Frische.

1 Die Linsen bereits am Vortag handbreit mit Wasser bedeckt einweichen – dann abgießen und mit frischem Wasser zum Kochen bringen, sparsam salzen und das Lorbeerblatt zufügen. Schließlich die Hitze so regulieren, dass das Wasser nicht wallend kocht, sondern nur leise siedet. Die Linsen so gar ziehen lassen, bis sie richtig weich sind – je nach Alter und Größe der Linsen dauert das zwischen 20 und 45 Minuten.

2 Das Wasser für die Pasta aufsetzen. Sobald es aufwallt, großzügig salzen, die Pasta hinein und umrühren, sobald sie dazu weich genug dazu ist. Ohne Deckel nach Packungsvorschrift bissfest kochen.

3 In der Zwischenzeit einen sogenannten *Sofrito* ansetzen – so nennt man die Würzbasis für nahezu jegliches Gericht der italienischen Küche: Olivenöl in eine Pfanne geben, Zwiebel und Knoblauch fein würfeln und mitdünsten, auch die gehackte Petersilie zufügen. Dann das Bratwurstbrät mitschmurgeln und am Ende auch die abgetropften Linsen unterrühren. Mit abgeriebener Zitronenschale würzen.

4 Die kleinen Tomaten von den Stielen zupfen, auf einer Schaumkelle ins kochende Nudelwasser tauchen, nach 1 Minute herausheben und in eiskaltem Wasser abkühlen. Die Haut abziehen, die Tomätchen halbieren oder vierteln, wenn sie etwas größer sind, und zu den Linsen geben. Alles mit Salz und Pfeffer würzen.

5 Die bissfesten Spaghetti abgießen, nicht abtropfen, sondern noch ziemlich nass zu den Linsen geben. Den geriebenen Käse darüberstreuen, alles rasch und gründlich mischen.

6 In tiefen, vorgewärmten Tellern anrichten. Eine dünne Linie von goldgelbem Olivenöl rundum über den Teller ziehen – den sogenannten *filo d'olio*, einen Faden, der hier wie ein Gewürz wirken soll.

BEILAGE

Eventuell für hinterher ein frischer Salat.

GETRÄNK

Dazu ein Glas Rotwein, etwa ein Wein aus Griechenland, aber möglichst ungeharzt, oder ein Sangiovese aus Italien.

ZUTATEN

Für vier Personen:

250 g kleine Linsen (entweder braune aus Frankreich oder die immer häufiger zu findenden grünen von der Schwäbischen Alb)
Salz
1 Lorbeerblatt
500 g dünne Spaghetti
2 EL Olivenöl
1 große Zwiebel
3–4 Knoblauchzehen
einige Petersilienblätter
200 g Salsiccia (rohes, grobes Bratwurstbrät)
etwas abgeriebene Zitronenschale
500 g kleine Tomaten
Pfeffer
70 g geriebener Parmesan
Olivenöl zum Beträufeln

Crocchiarelle oder knuspriges Brotpapier

Das haben wir kürzlich in der Toskana kennengelernt, und wir sind ganz begeistert davon: hauchdünne, knackig-knusprige Teigblätter aus Brot- beziehungsweise Pizzateig. Schon in den Teig kommt ordentlich Olivenöl. Dann wird er hauchdünn ausgerollt, auf mit Backpapier belegte Bleche gelegt und noch einmal mit Olivenöl eingestrichen. In wenigen Minuten sind die papierdünnen Brotblätter goldbraun und knusprig. Man kann sie tagelang aufbewahren – sie schmecken verführerisch, einfach so, pur, zum Glas Wein oder als Beilage zu Vorspeisen und Salaten.

ZUTATEN

Für zehn Personen:

500 g Brotmehl (Type 550)
½ Würfel Hefe
ca. 300 ml lauwarmes Wasser
1 gestrichener TL Salz
2–3 EL Olivenöl

Außerdem:
3–4 EL Olivenöl zum Bestreichen
Salz zum Bestreuen

1 Das Mehl in die Rührschüssel der Küchenmaschine geben. Die Hefe in einem Becher mit etwas Wasser auflösen und mit Schwung ins Mehl kippen. Zugedeckt etwa 15 Minuten gehen lassen, bis sich Blasen bilden.

 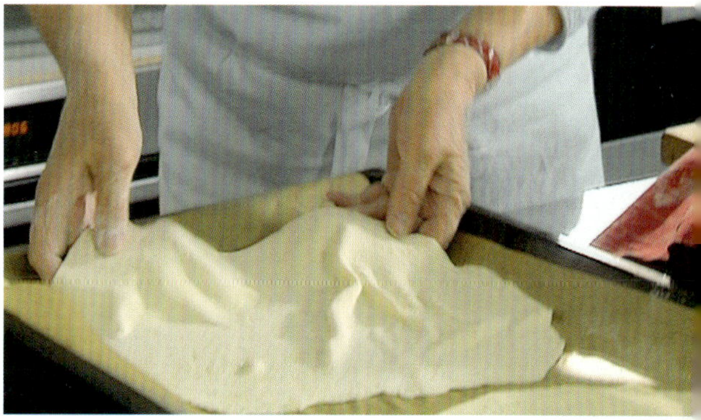

2 Dann die Maschine einschalten, auf langsamer Stufe zunächst Salz und Öl zufügen, dann langsam so viel Wasser, bis sich der Teig glatt vom Schüsselrand löst. Weitere 5 Minuten rühren, erst dann aus der Rührschüssel nehmen. Nochmals auf der Arbeitsfläche mit den Händen durcharbeiten und schließlich in einer mit Mehl ausgestreuten Schüssel zugedeckt an einem warmen Ort 1 Stunde gehen lassen.

3 Erneut durchwalken, dann in orangengroße Bällchen teilen und auf einem bemehlten Backbrett unter einem Tuch noch einmal 1 Stunde gehen lassen.

4 Jede Teigportion dann mit einem Nudelholz oder – besser noch – mit der Nudelmaschine hauchdünn ausrollen. Auf einem mit Backpapier oder Backfolie belegten Blech ausbreiten. Mit Olivenöl einpinseln und mit grobem Meersalz bestreuen, dann im Backofen bei 200 °C (Heißluft; Ober-/Unterhitze 220 °C) jeweils 8 bis 10 Minuten hellblond backen.

Zwiebelkuchen & Quiche

Zwiebelkuchen & Quiche

Herzhafte Kuchen zum Glas Wein

Zwiebelkuchen gehört ja zum Herbst wie der neue Wein. Und beides gibt es in vielfältigen Variationen. Zum noch trüben Sauser herzhaft, mit krumigem Hefeteig und reichlich Speck. Aber auch ganz fein, vielleicht zum schon fertigen Wein oder als Aperitifhappen zum Begrüßungssekt, mit Mürbteigboden und cremigem Belag. Und natürlich kann man auch noch ganz andere Gemüse für diese pikanten Kuchen verwenden. In jedem Fall sind solche herzhaften Kuchen ideal für Gäste, weil man sie gut vorbereiten kann. Und weil sich damit mühelos und ohne viel Aufwand auch eine größere Gästerunde bewirten lässt. Klar, dass man zum Glas Wein eher salzige Kuchen serviert. Einen nur wenig gesüßten Hefeteig kann man aber auch mit einer eher (natürlich nicht zu) süßen Quarkfüllung belegen. Selbst mit Äpfeln und Rosinen oder mit Streuseln passt ein solcher, im Fränkischen „Hefeplootz" genannter Kuchen durchaus ebenfalls zum Glas Wein – wenn man gemütlich beieinandersitzt und gerade keine Lust auf allzu Herzhaftes hat.

Hefeteig (Grundrezept)

Dies ist im Prinzip ein ganz normaler Brot- oder auch Pizzateig:

1 Das Mehl in die Rührschüssel der Küchenmaschine geben. Die Hefe in einer Tasse mit einigen Löffeln lauwarmem Wasser anrühren und auflösen. Mit Schwung in das Mehl kippen, sodass sich die Flüssigkeit mit dem Mehl vermischt.

2 Dann mit einem Tuch zugedeckt 15 Minuten gehen lassen, bis sich Bläschen bilden, die zeigen, dass die Hefepilze ihre Arbeit aufgenommen haben.

3 Die Maschine einschalten und zunächst auf langsamer Stufe arbeiten lassen. Dabei Salz und das zimmerwarme Schmalz (oder Öl) zufügen. Und so viel warmes Wasser, bis der Teig sich glatt vom Schüsselrand löst.

4 Jetzt noch weitere 5 Minuten auf hoher Stufe durchkneten lassen, dann mit bemehlten Händen den Teig aus der Schüssel heben, auf der Arbeitsfläche nochmals von Hand durcharbeiten und schließlich, zu einer Kugel geformt, in eine mit Mehl ausgestreute Schüssel betten und gut zugedeckt etwa 2 Stunden gehen lassen.

Dann nach Rezept weiter verarbeiten.

ZUTATEN

Für zwei Springformen (26 bis 30 cm ø) oder ein ganzes Backblech:

400 g Mehl
10 g Hefe (1/4 Würfel)
ca. 250 ml Wasser
Salz
1–2 EL Schmalz oder Öl

Außerdem:
Butter und Mehl für die Formen

Zwiebelkuchen nach Art „vom Rösle“

ZUTATEN

Für ein Backblech (30 x 40 cm Größe):

½ Rezept Hefeteig
1 große Zwiebel
Salz
Pfeffer
nach Belieben auch etwas getrockneter Majoran und Kümmel
50 g trockener Bauchspeck
½–1 Becher Crème fraîche (höchstens 150 g)

So hat Moritz als Kind den Zwiebelkuchen von der Nachbarin bekommen und er schwärmt noch immer davon. Sie hat dafür natürlich den eigenen fetten Rahm verwendet, den sie von der Milch oben abgeschöpft hatte – so etwas kann man heute ja leider nirgends mehr kaufen, diese unpasteurisierte, naturbelassene Sahne ist ein rarer Genuss geworden. Aber mit Crème fraîche, der fetten französischen Sahne, kommt man ganz gut hin. Im Übrigen wird hier der Teigboden nur sehr sparsam – eben schwäbisch – belegt. Es ist fast eine schwäbische Pizza oder sogar Focaccia.

1 Den Teig wie angegeben zubereiten und gehen lassen. Auf einem backblechgroßen Stück Backpapier sehr dünn ausrollen – auf das Blech ziehen und dort belegen: Zuerst den Rahm auf dieser Teigfläche verstreichen, dafür am besten einen Gummischaber oder eine Palette nehmen.

2 Die Zwiebeln schälen, auf dem Hobel in gleichmäßig dünne Scheibchen schneiden und auf der Fläche verteilen. Am besten lässt man den braunen Schopf der Zwiebelspitze stehen und reibt die Zwiebel vom Wurzelende her – dann kann man sie besser fassen. Salzen und pfeffern, nach Gusto auch mit etwas zwischen den Fingerspitzen zerrebeltem Majoran und mit Kümmel bestreuen.

3 Den Speck in grobe Streifen schneiden – im Schwarzwald nimmt man dafür den Speck als dicke Scheibe, man nennt dies eine „Vesperscheibe“. Davon schneidet man quer mit einem scharfen Messer hauchfeine Streifchen ab. Diese Streifen über die Zwiebeln streuen.

4 Jetzt alles vorsichtig salzen (der Speck ist sicher bereits salzig genug) und nach Gusto pfeffern – dafür die Pfeffermühle schön grob einstellen, damit man nachher auf Pfefferstückchen beißt.

5 Den Zwiebelkuchen bei 200 °C (Heißluft; Ober-/Unterhitze 220 °C) ca. 15 bis 20 Minuten backen, bis der Boden knusprig ist und die Sahne schön hell bleibt – falls möglich, die Unterhitze verstärken, damit der Boden rasch bräunt.

BEILAGE

Man isst diesen knusprigen, dünnen Zwiebelkuchen einfach aus der Hand.

GETRÄNK

Und natürlich gehört dazu der klassische Most; er kann aus Trauben, darf aber auch aus Äpfeln gewonnen sein.

Mannheimer Zwiebelkuchen

ZUTATEN

Für eine Springform (ca. 30 cm ø):

½ Rezept Hefeteig
ca. 700 g Zwiebeln
100–150 g durchwachsener Speck in dünnen Scheiben
2 EL Butter
Salz
Pfeffer
etwas Cayennepfeffer
Muskatnuss
Kümmel
250 g saure Sahne (nach Gusto 10–30 % Fett)
3 Eier

Hier wird der Zwiebelkuchen meist in einer runden Springform gebacken, am besten in einer sogenannten Wähenform, die einen schräg nach außen gestellten Rand hat.

1 Den Teig wie angegeben zubereiten und gehen lassen. Eine gut ausgefettete Springform damit dünn auskleiden, den Teigrand ruhig etwas überstehen lassen. Das sieht nachher schön aus!

2 Die Zwiebeln schälen und in feine Würfel schneiden. Den Speck ebenfalls fein würfeln. In einer großen Pfanne sanft, also bei schwacher Hitze, auslassen, dann die Zwiebeln hinzufügen und weich dünsten. Dabei immer wieder ein Stück Butter dazugeben. Die Zwiebeln müssen gar sein, bevor sie auf den Teigboden kommen. Gleich salzen und pfeffern, mit Cayennepfeffer und Muskat würzen. Am Ende auch ordentlich Kümmel unterrühren – der sorgt für Bekömmlichkeit.

3 Schließlich die saure Sahne und die Eier verquirlen, mit Salz, Pfeffer und Muskat abschmecken und mit den Zwiebeln vermischen. Dann die Masse auf dem Teigboden verteilen und glatt streichen.

4 Im auf 180 °C (Heißluft; Ober-/Unterhitze 200 °C) vorgeheizten Ofen ca. 35 Minuten backen, bis der Boden gebräunt und der Belag gestockt ist.

5 Etwa 5 Minuten ruhen lassen, bevor der Zwiebelkuchen angeschnitten wird. Damit sich die Füllung festigt und nicht etwa vom Blech läuft.

BEILAGE

Ein grüner Salat mit vielen Kräutern.

GETRÄNK

Neuer Wein, als Federweißer oder als Sauser. Oder ein leichter, frisch durchgegorener Wein, ein Riesling oder ein Silvaner.

Pilz-Quiche

Zur Pilzzeit nimmt man natürlich Waldpilze, womöglich sogar selbst gesammelte. Außerhalb der Saison sind auch Zuchtpilze wie Champignons dafür bestens geeignet.

1 Den Teig rasch zusammenkneten, in einem Gefrierbeutel 30 Minuten kalt stellen und ruhen lassen, damit sich der Kleber entwickeln kann. Dann dünn ausrollen und die ausgefettete Form damit auskleiden.

2 Die Pilze putzen und in Scheibchen schneiden. In der heißen Butter mit Zwiebeln und Knoblauch andünsten – nach Belieben auch Speckstreifen und fein geschnittene Chilischote mitbraten. Mit Salz und Pfeffer würzen. Eventuell auch mit etwas abgeriebener Zitronenschale abschmecken. Etwas abkühlen lassen.

3 Crème fraîche (oder Sahne) und Eier miteinander verquirlen, würzen – ein Hauch Cayennepfeffer tut der Creme gut – und reichlich fein gehackte Kräuter unterrühren. Die Pilze damit vermischen und auf dem Teigboden verteilen.

4 Bei 180 °C (Heißluft; Ober-/Unterhitze 200 °C) im vorgeheizten Ofen ca. 30 Minuten backen, bis der Teigboden knusprig und der Belag gestockt ist.

BEILAGE

Als Aperitifhappen braucht man nichts dazu, als Imbiss natürlich einen Salat.

GETRÄNK

Ein junger Rotwein oder auch ein weiß gekelterter Rotwein, zum Beispiel vom Bodensee.

ZUTATEN

Für eine Quicheform (ca. 30 cm ø):

Mürbeteig:
280 g Mehl
Salz
100 g Butter
1 Ei

Belag:
ca. 500–800 g gemischte Pilze
2 EL Butter
1 Zwiebel
2–3 Knoblauchzehen
eventuell 50 g Speck
1 grüne Chilischote
Salz
Pfeffer
200 g Crème fraîche (oder Sahne)
2 Eier
Cayennepfeffer
2–3 EL gehackte Kräuter
(Petersilie, Basilikum)

Lauch-Quiche

Den Klassiker, die berühmte Quiche Lorraine mit Mürbeteig, also die Lothringer Specktorte, haben wir hier ein wenig abgewandelt, gemüsiger und leichter.

1 Den Teig aus den Zutaten rasch zusammenkneten. Ist er zu trocken, ein paar Spritzer lauwarmes Wasser dazugeben. Dann zu einer Kugel formen und in einer großen Plastiktüte (Gefrierbeutel) 30 Minuten kalt stellen. Hinterher kann man die Tüte aufschneiden und den Teig darauf ausrollen. So klebt nichts, die Arbeitsfläche bleibt sauber, und die ausgewellte Teigplatte lässt sich bequem und schadlos zur Form transportieren.

ZUTATEN

Für eine Spring- oder Quicheform (30 cm ø):

Mürbeteig:
280 g Mehl
¼ TL Salz
1 Ei
100 g Butter

Belag:
3 Lauchstangen
30–40 g Butter
100 g gekochter Schinken (mit Fettrand)
Salz
Pfeffer
1 gestrichener TL gemahlener Bockshornklee
1 gute Prise Cayennepfeffer
2 Eier
100 g Crème fraîche
100 g saure Sahne

TIPP

Sehr hilfreich ist es stets, auch eine Springform mit Backpapier auszukleiden, natürlich nur den Boden, am Rand haftet sie nur schlecht. Dann kann man nämlich am Papier den fertigen Kuchen ganz bequem vom Blech auf die Kuchenplatte ziehen, ohne dass der mürbe Boden zerbricht. Besonders praktisch ist die beschichtete Quicheform mit Hebeboden und Wellenrand – die fertige Quiche kann mitsamt dem Boden aus der Form gehoben werden. Gibt's in unterschiedlichen Größen in Haushaltsgeschäften und in Onlineshops.

2 Unterdessen den Lauch putzen, äußere, beschädigte Blätter und auch die dunkelgrünen Teile entfernen. Die Stangen längs aufschlitzen und unter fließendem Wasser gründlich auswaschen. Dann quer in sehr feine Streifchen schneiden. In einer großen Pfanne die Butter schmelzen, den Fettrand vom Schinken abtrennen, fein schneiden und in der Butter andünsten. Den Lauch zufügen, salzen, auch mit Pfeffer würzen und nur so lange dünsten, bis die Streifchen etwas weich geworden sind. Mit Bockshornklee (sorgt für einen exotischen Duft) und Cayennepfeffer würzen.

3 Die Form gründlich ausbuttern, eventuell den Boden sogar mit Backpapier ausschlagen (siehe Tipp) und mit dem dünn ausgerollten Teig auskleiden.

4 In einer Schüssel die Eier mit der Crème fraiche und der sauren Sahne verquirlen, den Lauch untermischen und nochmals mit Salz und Pfeffer abschmecken. Eventuell auch noch mit Bockshornklee nachwürzen und auch die Schärfe abstimmen. Alles auf dem Teigboden verteilen, ein wenig glatt rütteln und den in Streifen geschnittenen Schinken darauf verteilen. Bei 180 °C (Heißluft; Ober-/Unterhitze 200 °C) im vorgeheizten Ofen ca. 30 Minuten backen. Falls der Ofen es erlaubt, die Unterhitze zu verstärken, wäre das ganz gut. In jedem Fall die Form auf der untersten Schiene einschieben.

BEILAGE

Auch hier passt natürlich ein Salat – aus grünen Blättern oder sogar bunt gemischt, wenn man die Quiche nicht zum Aus-der-Hand-Essen zum Aperitif serviert.

GETRÄNK

Ein süffiger, runder Weißburgunder aus der Pfalz.

Tomaten-Tarte

ZUTATEN

Für eine Quiche-Form (32 cm ø), ein Vorspeisenhappen für sechs bis acht Personen oder ein ganzes Essen für vier:

Teig:
280 g Mehl
Salz
1 ganzes Ei oder 2 Eiweiß
100 g Butter oder 100 ml Olivenöl

Belag:
800 g Tomaten (hübsch sind unterschiedliche Formen, Farben und Größen)
200 g Ziegenfrischkäse
1 Ei
einige Basilikumblätter
1–2 grüne Chilischoten (je nach Schärfe und Gusto)
Salz
Pfeffer
1 Spritzer weißer Balsamico
eventuell schwarze Oliven
je ½ Aubergine und Zucchino
1 ungarische Gewürzpaprika
Olivenöl

Mit einem zarten Mürbeteigboden und einer Creme aus Ziegenfrischkäse. Besonders hübsch, wenn man Tomaten von unterschiedlicher Farbe mischt. Würfel von gebratenen Zucchini und Auberginen dazwischen verleihen mediterranes Flair.

1 Aus den Zutaten rasch einen festen Teig kneten, zu einer Kugel gerollt in einer Plastiktüte 30 Minuten kalt stellen. Dann dünn ausrollen und eine mit Butter (oder Olivenöl) ausgestrichene Form damit auskleiden.

2 Für den Belag die Tomaten mit kochendem Wasser überbrühen, dann abschrecken und häuten, jeweils den Stielansatz herausschneiden, die Früchte waagrecht in Scheiben schneiden.

3 Für die Creme Frischkäse, Ei, Basilikumblätter, die entkernte Chilischote, Salz und Pfeffer mit dem Stabmixer glatt mixen, mit weißem Balsamico abschmecken. Auf dem Teigboden verteilen und glatt streichen. Die Tomatenscheiben in hübscher Abwechslung darauf anordnen und salzen. Nach Belieben auch Oliven dazwischenstreuen.

4 Die Aubergine, den Zucchino und die Gewürzpaprika in knapp 2 Zentimeter große Würfel schneiden und in einer Pfanne in wenig Olivenöl langsam schön braun braten, dabei salzen und pfeffern. Zwischen den Tomatenscheiben verteilen.

TIPP

Anstelle von Butter für den Teig zur Abwechslung Olivenöl verwenden.

5 Bei 200 °C (Heißluft; Ober-/Unterhitze 220 °C) im vorgeheizten Ofen ca. 35 Minuten backen, bis der Teig ausreichend braun und die Füllung gestockt ist. Zum Schluss noch die Oberfläche mit Olivenöl beträufeln – das sorgt für Glanz und hebt den Geschmack.

VARIATION

Zur Abwechslung blanchierte Blumenkohl- und Broccoliröschen auf der Creme verteilen. Und die Creme mit 1 Handvoll glatter Petersilie aufmixen. Wer Schärfe liebt, mixt auch noch 1 Messerspitze grüne thailändische Currypaste mit.

GETRÄNK

Ein saftiger Spätburgunder Weißherbst, zum Beispiel aus Baden.

TIPP

Anchovis (die beste Qualität ist immer in Olivenöl eingelegt, darauf achten!) in Stücke schneiden und zwischen den Tomaten verteilen. Das sieht schön aus und macht die Tarte besonders herzhaft.

Süßer Quarkplootz

Man muss schauen, dass man hierfür einen erstklassigen Vollmilchquark oder Sahnequark bekommt. Möglichst Bioquark verwenden, weil er einfach besser schmeckt und sahniger ist. Diesen in einem Tuch oder in einem mit Küchenpapier ausgelegten Sieb im Kühlschrank über Nacht abtropfen lassen und erst dann abmessen.

1 Das Mehl in die Rührschüssel der Küchenmaschine geben, die Hefe in der lauwarmen Milch auflösen, 1 Prise Zucker zufügen und mit 1 Löffel Mehl vermischen, in die Mitte des Mehls gießen und zugedeckt 15 Minuten gehen lassen. Die Maschine dann einschalten, Eier, Salz, Butter und restlichen Zucker hinzufügen und zu einem weichen, aber geschmeidigen Teig rühren. Zu einer Kugel formen, in einer mit Mehl ausgestäubten Schüssel bei Zimmertemperatur mindestens 2 Stunden gehen lassen; besser noch über Nacht an einem kühlen Ort, dann wird der Kuchen später wunderbar krumig und locker.

ZUTATEN

Für eine Spring- oder Wähenform (30 bis 32 cm Durchmesser):

Hefeteig:
250 g Mehl
¼ Würfel Hefe
ca. 1 EL Milch
25 g Zucker
1 Ei
Salz
35 g Butter

Außerdem:
Butter und Mehl für die Form

Belag:
50 g Butter
70 g Zucker
2 Eier
1 EL Zitronensaft und etwas abgeriebene Zitronenschale
1 EL Mehl
½ Becher saure Sahne
500 g abgetropfter Bioquark

TIPP

Für einen Apfel-Quark-Plootz auf die Quarkschicht dünne Apfelscheibchen breiten und dazwischen in Rum (oder einem anderen guten Alkohol) eingeweichte Rosinen verteilen.

TIPP

Für Streuselkuchen den Teig dicker ausrollen und ein Backblech damit belegen. 200 g Mehl, 125 g Zucker, 1 Tütchen Vanillezucker, etwas Zimt, 1 Prise Salz und 150 g Butter zu Streuseln kneten und auf dem Teigboden verteilen. Bei 220 °C backen.

2 Schließlich ausrollen und die gebutterte und mit Mehl bestäubte Springform damit auslegen.

3 Für den Belag die weiche Butter mit dem Handrührer dick und schaumig rühren, dabei den Zucker sowie nacheinander die Eier hinzufügen, ebenso den Zitronensaft, die Zitronenschale und das Mehl. Eine dichte, dicke Creme schlagen. Erst dann die saure Sahne und den abgetropften Quark einarbeiten.

4 Die Masse auf dem Teigboden verteilen. Im 220 °C heißen Ofen bei Ober- und verstärkter Unterhitze oder möglichst weit unten (bei 200 °C Heißluft) ca. 35 bis 40 Minuten backen, bis der Boden knusprig und der Belag fest ist – er soll schöne braune Stellen zeigen. Am allerbesten schmeckt der Kuchen ganz frisch, also noch lauwarm.

GETRÄNK

Dazu passt wunderbar ein naturtrüber Apfelsaft.

Gerollt, gewickelt und gefüllt: Rouladen

Die kleinsten Schmorbraten der Welt

Bei Rouladen wird jeder schwach! Sie können immer wieder anders aussehen und ganz neu schmecken, und jedes Mal schmecken sie köstlich. Sie erinnern an Großmutters Sonntagsküche, an Zeiten, als man sich fürs Kochen noch Zeit genommen hat. Denn im Prinzip sind es ja nichts anderes als kleine Portionsschmorbraten, die stets mit einer herrlichen Sauce daherkommen. Eine kleine Beilage ist sozusagen als Füllung darin eingewickelt. Sie sind das ideale Gäste-Essen, weil man alles perfekt vorbereiten kann und nur wieder erwärmen muss, wenn es zu Tisch gehen soll. Das Wichtigste dabei ist die herrliche Sauce, die beim Schmoren ganz von allein entsteht – und dann gehört natürlich eine Beilage auf den Teller, mit der man diese köstliche Sauce aufnehmen kann.

Rouladen, die man langsam gar schmoren lässt, kann man ruhig gleich in doppelter Menge zubereiten – das ist kaum Mehrarbeit, und man hat so gleich ein Festessen für den Vorrat. Kaum ein Fleischgericht lässt sich so problemlos einfrieren, sogar in Gläser einwecken, falls die Tiefkühltruhe nicht genügend Platz bietet. Letzteres ist ein wenig aus der Mode gekommen, hat aber überdies den Vorzug, dass man das Essen sofort zur Verfügung hat und nicht lange braucht, um das Gericht behutsam aufzutauen.

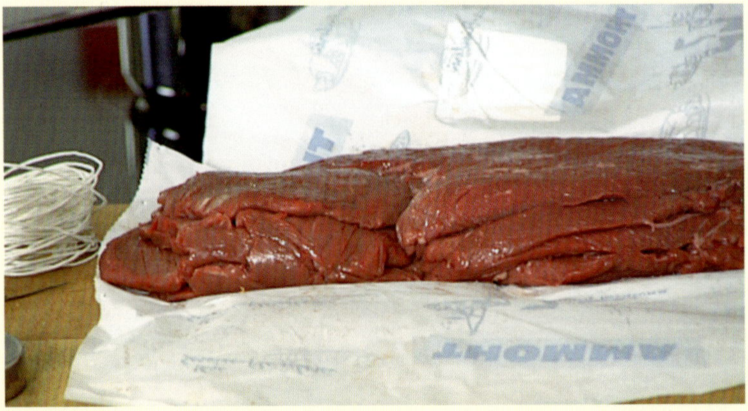

Das ideale Fleisch für Rouladen

Rouladen werden geschmort, das bedeutet, man braucht dafür ein möglichst kollagenreiches, durchwachsenes Fleisch, das die Schmorzeit gut übersteht und auch danach noch saftig bleibt. Es sollte dünn aufgeschnitten sein, damit man daraus eine kompakte Rolle wickeln und obendrein genügend Füllung umschließen kann – denn auch diese trägt natürlich dazu bei, dass das Stück saftig gerät und gut schmeckt. Der Klassiker stammt vom Rind, und zwar von der Keule, genauer aus der Oberschale. Die vom Metzger am besten mit seiner Maschine aufgeschnittene Fleischscheibe – er sollte möglichst ein gut abgehangenes Stück verwenden! – wird dann auf der Arbeitsfläche ausgebreitet und mit einem Fleischklopfer zu einer gleichmäßig flachen Scheibe gestrichen. Bitte nur mit der glatten Seite flach drücken. Vertiefungen oder Noppen würden die Fleischfasern zerstören, die dann den Fleischsaft nicht mehr halten können!

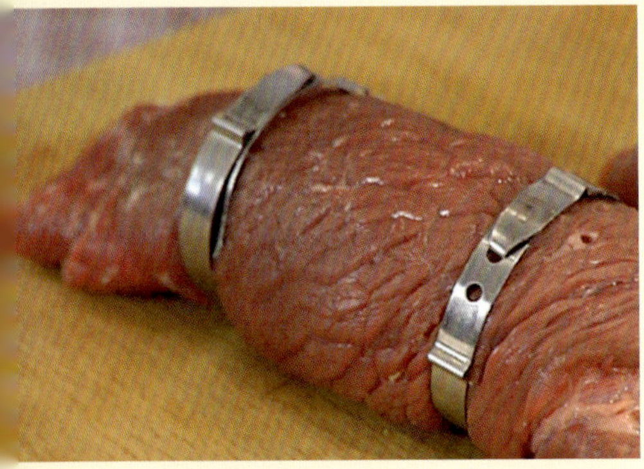

Natürlich muss das Fleisch nicht unbedingt vom Rind stammen, auch vom Schwein oder vom Kalb kann man schöne Rouladen rollen. Weil die Scheiben vom Schwein oder Kalb ja erheblich kleiner sind, lässt man sie sich vom Metzger am besten doppelt dick schneiden, dann kann man sie nochmals quer so durchschneiden, dass sie an der einen Seite noch zusammenhängen. Aufgeklappt kann man diese Seitennaht behutsam flach drücken, und man erzielt so eine doppelt große, schön dünne Fleischscheibe, die sich gut füllen und aufwickeln lässt. Man spricht da vom berühmten Schmetterlingsschnitt.

Eine Roulade mit ganz kurzer Garzeit kriegt man mit dem zarten Fleisch einer Hähnchenbrust hin: Sie wird gleich zweimal oder sogar dreimal quer eingeschnitten und zur großen Fläche auseinandergeklappt. Beim Flachstreichen aufpassen und nicht allzu kräftig drücken, damit die Fleischscheibe nicht reißt.

Tipps zum Verschließen

Im Allgemeinen behalten Röllchen ihre Form, wenn man sie mit der Nahstelle nach unten im heißen Öl anbrät – durch die Hitze gerinnt das im Fleisch enthaltene Eiweiß und bäckt sozusagen zusammen. Sicherer, damit die Röllchen auch beieinanderbleiben, ist es jedoch, sie mit Zahnstochern zusammenzustecken – aber Vorsicht, weil das Fleisch unter den womöglich nicht gut zugespitzten Hölzchen gern reißt. Besser sind spezielle Rouladennadeln, die lang und dünn genug sind, um durch die Fasern zu gleiten, ohne sie zu sprengen. Rouladenklammern finden wir unpraktisch, weil man damit festgelegt ist, was die Dicke der Rouladen angeht. Am praktischsten finden wir es, die Röllchen mit Küchenzwirn zu verschnüren, wie man das mit einem großen Schmorbraten auch macht.

Die klassische Rinderroulade

Mit Speck und Gürkchen gefüllt, langsam mürbe geschmort und mit einer herzhaften, cremigen Sauce. Dazu ein sahniges Kartoffelpüree, das wir diesmal mit reichlich Kräutern leuchtend grün färben. Übrigens: Bitten Sie den Metzger um ein gut abgehangenes Fleisch, damit die Rouladen auch nach dem Schmoren noch immer saftig sind und nicht dabei austrocknen.

1 Die Fleischscheiben auf dem Arbeitsbrett ausbreiten, mit der glatten Seite des Fleischklopfers oder mit der breiten Klinge eines großen Messers vorsichtig glatt streichen, dabei regelrecht flach drücken. Gleichmäßig mit Salz und Pfeffer bestreuen, mit Senf bestreichen und mit Zitronenschale würzen – dabei rundum einen zentimeterbreiten Rand lassen.

2 Für die Füllung die Speckscheiben in Streifen schneiden oder fein würfeln. Die Gürkchen etwas kleiner würfeln oder wie den Speck besser in Streifen schneiden. Auf dem unteren Ende der Fleischscheiben aufhäufen. Auch die fein gewürfelten Zwiebeln und die Möhrenstreifen darauf verteilen. Dabei die in Streifen geschnittenen Zutaten quer auflegen, sodass sie nachher, beim Anschneiden der Roulade, ein schönes Bild ergeben.

3 Die Fleischscheiben von der Schmalseite her aufrollen, dabei die Seiten so einschlagen, dass nichts von der Füllung herausquellen kann. Die Rouladen mit Holzstäbchen oder Rouladennadeln feststecken, oder mit Küchenzwirn umwickeln und verschnüren.

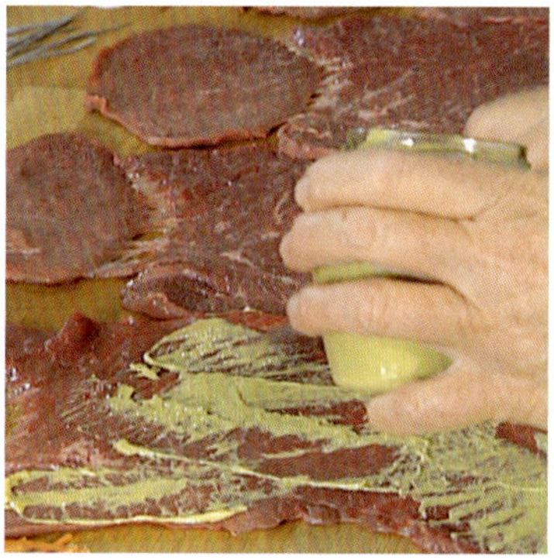

ZUTATEN

Für sechs Personen:

6 große Scheiben Rinderrouladenfleisch (aus der Keule/Oberschale; quer zur Faser, knapp 5 mm dünn aufgeschnitten, je ca. 150–180 g)
Salz
Pfeffer
100 g Senf
eventuell auch etwas abgeriebene Zitronenschale
100 g luftgetrockneter Bauchspeck (in dünnen Scheiben)
100 g Gewürzgürkchen
2 Zwiebeln
2 Möhren (in feinen Streifen)
1 gute Handvoll Petersilie
2–3 EL Öl oder Schmalz
je ½ Tasse Knollensellerie und Lauch (nur das Weiße) in feinsten Streifen, Bleichselleriestangen und Möhre (alles fein gewürfelt)
1 Chilischote
1 Prise Zucker
1–2 EL Tomatenmark
500 ml Weiß- oder Rotwein
ca. 30 g Butter für die Sauce
eventuell etwas Balsamico

TIPP

Es ist natürlich Geschmackssache, ob mit Rot- oder Weißwein angegossen wird. Rotweinrouladen sind am Ende ganz dunkel gefärbt, die Sauce ist dicht und weinig. Weißwein ergibt eine säuerliche, eher frische Sauce – was zu den Gewürzgürkchen glänzend passt.

4 In einem flachen Schmortopf Schmalz oder Öl erhitzen, die Päckchen darin rundum kräftig anbraten, bis sie überall appetitlich gebräunt sind. Das fein gewürfelter Wurzelgemüse, auch die in Scheibchen geschnittene Chilischote danebenstreuen und im Bratfett anrösten – es soll aber keine Farbe nehmen, deshalb jetzt die Hitze ein wenig reduzieren. Auch das Gemüse mit Salz bestreuen und mit einer Zuckerprise karamelisieren. Nach einigen Minuten – erst wenn das Gemüse weich ist – das Tomatenmark hinzufügen und mitrösten. Bevor es zu dunkel wird, mit Wein ablöschen. Alles aufkochen, dann den Deckel auflegen und die Rouladen auf ganz milder Hitze (oder im 120 °C vorgeheizten Backofen mit Heißluft; Ober-/Unterhitze 140 °C) etwa 90 Minuten gar schmoren. Dabei hin und wieder prüfen, ob genügend Flüssigkeit im Topf ist. Falls beim ersten Blick in den Topf zu viel verkocht sein sollte, die Hitze reduzieren!

5 Am Ende der Garzeit die Rouladen herausheben und in einer tiefen Schüssel anrichten. Den Schmorfond mit dem Pürierstab glatt mixen, dabei das Butterstück mitmixen – es gibt der Sauce Stand und Glanz. Nochmals abschmecken, auf alle Fälle mit Salz, eventuell auch mit einem Spritzer Balsamico ... Oder den Bratenfond einfach natur belassen und mitsamt dem mitgeschmorten Wurzelgemüse servieren.

6 Für das Püree als Beilage die Kartoffeln in ca. 30 Minuten garen. Pellen oder auch mitsamt der Schale durch die Presse in einen Topf drücken, in dem bereits die Milch langsam aufkocht – diese kräftig salzen, pfeffern und mit Muskat würzen. Am Ende die Kräuterbutter in Stückchen zufügen und alles mit dem Holzlöffel gründlich durchschlagen. Auf keinen Fall einen Mixer oder Pürierstab nehmen, nicht einmal ein Schneebesen ist erlaubt: Das Püree verliert dadurch seine Duftigkeit, wird fest und schmierig!

7 Die Kräuterbutter bereits vorher fertigstellen, damit sie fest werden kann. Dafür alle Zutaten in einen Mixbecher füllen, mit dem Pürierstab geduldig glatt mixen. Ab und zu alles, was sich in der Mixglocke versammelt hat, abstreifen, dafür aber unbedingt den Stecker ziehen oder den Motor abnehmen! Die Kräuterbutter in ein Stück Alufolie wickeln und bis zur weiteren Verwendung kalt stellen.

GETRÄNK

Zu den mit Rotwein geschmorten Rouladen passt ein Merlot aus Heilbronn, vom Weingut Drautz-Able. Und zu den Rouladen mit Weißwein ein Riesling von der Ruwer, zum Beispiel vom Weingut Reichsgraf von Kesselstatt.

Grünes Kartoffelpüree:
1,2 kg mehlig kochende Kartoffeln
ca. 200 ml Milch
Salz
Pfeffer
Muskatnuss

Kräuterbutter:
40 g zimmerwarme Butter
1 Tasse Kräuter
(zum Beispiel Petersilienblätter)
etwas abgeriebene Zitronenschale
Salz

Hähnchenroulade mit grünen Bohnen

ZUTATEN

Für vier bis sechs Personen:

4 ausgelöste Hähnchenbrüste
1 Zwiebel
2 Knoblauchzehen
½ TL grüne Thaicurrypaste
4 EL Olivenöl
4 Stiele Bohnenkraut
200 g feinste grüne Bohnen
etwas abgeriebene Zitronenschale
Salz
Pfeffer
1–2 EL Crème fraîche
500 ml Brühe
100 g Sahne
Zitronensaft
eventuell 1 Spritzer weißer Balsamico

Rouladen, die in angenehm kurzer Zeit fertig sind, weil das zarte Hähnchenfleisch sehr schnell gar ist. Sie sehen hübsch aus und lassen sich auch vielseitig anrichten: Zuerst als Hauptgericht, aber auch – deshalb gleich die doppelte Menge zubereiten – kalt und dann auf der Aufschnittmaschine dünn aufgeschnitten, als Vorspeise. Also ein schnelles Essen, mit dem man sich selbst verwöhnen kann, das aber auch gut für Gäste geeignet ist.

1 Die Hähnchenbrüste sorgfältig putzen, alle Häute und Sehnen herausschneiden. Die länglichen, innen liegenden echten Filets herauslösen, auf einem Stück Alufolie ins Gefrierfach legen. Die Brüste quer so einschneiden, dass man das Fleisch zu einem großen Rechteck auseinanderklappen kann. Die Fläche rundum so beschneiden, dass tatsächlich akkurate Rechtecke entstehen. Die Abschnitte zu den echten Filets in die Folie wickeln, insgesamt sollte es ca. 100 g Hühnerfleisch sein, das jetzt im Gefrierfach fest werden soll.

2 In der Zwischenzeit die Zwiebel fein würfeln, mit dem gehackten Knoblauch und der Thaicurrypaste in 2 Esslöffeln Olivenöl andünsten. Die Blättchen vom Bohnenkraut abzupfen, fein hacken und hinzufügen. Abkühlen lassen, ebenfalls im Gefrierer kalt stellen.

3 Die Bohnen putzen, in stark gesalzenem Wasser nur ganz kurz blanchieren, eiskalt abschrecken, damit sie ihr leuchtendes Grün behalten.

4 Das angefrorene Hähnchenfleisch mit der abgekühlten Zwiebelmischung im Mixer glatt pürieren, dabei Zitronenschale, Salz und Pfeffer sowie 1 gehäuften Löffel Crème fraîche mitmixen.

5 Die Hähnchenfleischscheiben auf dem Arbeitsbrett flach streichen, mit Salz und Pfeffer bestreuen. Darauf nun die Hähnchenfleischfarce verstreichen und jeweils ein Bündel feinste Bohnen quer in die Mitte setzen.

6 Die Fleischscheiben von der Schmalseite her aufrollen. Die Seiten bleiben offen. Die Röllchen mit Küchenzwirn rundum verschnüren. Die Rouladen in einem flachen Schmortopf im restlichen heißen Öl rundum anbraten, und zwar so in das heiße Öl legen, dass die Nahtstelle zuerst darin zu liegen kommt – die Hitze bringt das im Fleisch enthaltene Eiweiß zum Gerinnen, und so haftet alles wie geklebt aneinander. Etwas Brühe angießen und schließlich zugedeckt ca. 20 Minuten ganz sanft gar schmoren. Keinen Wein zum Angießen nehmen, weil sich die schönen grünen Bohnen sonst hässlich braun färben!

7 Am Ende der Garzeit die Röllchen herausheben und auf einer vorgewärmten Platte im 60 °C heißen Backofen warm stellen. Den Bratenfond mit etwas Sahne ablöschen, einige Minuten einkochen und schließlich mit dem Mixstab zur Sauce cremig aufmixen.

8 Kräftig abschmecken, vor allem mit Salz und Zitronensaft. Eventuell auch mit einem Spritzer hellem Balsamico etwas Süße hinzufügen. Die Röllchen schräg in zweifingerdicke Scheiben schneiden und auf Tellern hübsch anrichten. Mit der cremigen Sauce dekorativ umklecksen.

BEILAGE
Dazu gibt's frisches Baguette und nach Belieben auch noch grünes Bohnengemüse.

GETRÄNK
Ein herzhafter Weißwein – zum Beispiel ein Silvaner Großes Gewächs vom Juliusspital in Franken.

Feine Kalbsröllchen mit Avocado

Ebenfalls aus der Oberschale, diesmal vom Kalb, das natürlich auch in relativ kurzer Zeit gar ist: Gefüllt werden die Röllchen mit dem leuchtend grünen, cremigen Fleisch reifer Avocados.

1 Die Kalbsrouladen dünn zuschneiden lassen. Auf dem Arbeitsbrett mit dem Fleischklopfer auseinanderstreichen.

2 Die Avocados schälen, halbieren, den Kern auslösen. Das Fleisch in Streifen schneiden, mit sehr fein gewürfelter Schalotte, ebenso fein geschnittener Chilischote, etwas Limetten- oder Zitronensaft und -schale mischen, dabei salzen und mit der Hälfte der zerdrückten Gewürzkörner würzen.

3 Das Avocadofleisch auf das Kalbfleisch häufen, die Seiten hochklappen, damit die Füllung nicht auslaufen kann. Zu Rollen aufwickeln und die Päckchen jetzt gut zuschnüren.

4 In einem flachen Schmortopf das Olivenöl erhitzen, die Päckchen darin anbraten und rundum bräunen. Erst dann die Brühe angießen, die restlichen Gewürze zufügen und die Kalbsröllchen dann zugedeckt bei milder Hitze etwa 30 Minuten sanft gar schmurgeln. Die Sauce bekommt ihre Würze durch Chilischärfe, Muskatblüte und Piment – Gewürze, die zur Avocado ebenso gut passen wie zum Kalbfleisch.

ZUTATEN

Für vier Personen:

6–8 schöne, große Scheiben Kalbfleisch (knapp fingerdick, je ca. 100 g)
1–2 reife Avocados (siehe Tipp)
2 Schalotten
1–2 frische Chilischoten
1 Limette oder Zitrone
5 Pimentkörner
6 Pfefferbeeren
1 gute Prise gemahlene Muskatblüte (Macis)
Salz
3 EL Olivenöl
500 ml Brühe

Zucchinigemüse:

2 mittelgroße Zucchini (am liebsten einmal gelb und einmal grün)
2 EL Olivenöl
1 rote Zwiebel
2 Knoblauchzehen
Salz
Pfeffer
½ rote Paprikaschote
etwas Petersilie

TIPP

Avocados sind reif, wenn sie auf sanften Fingerdruck nachgeben, etwa wie zimmerwarme Butter. Bei den dickschaligeren Sorten, wie zum Beispiel der dunklen Hass, ist das nicht so leicht abzuschätzen, da muss man von der Seite her drücken und darf kaum Widerstand spüren. Verzehrreife Avocados werden oft eigens also solche ausgewiesen, die darf man dann nicht mehr lange aufbewahren. Zu feste Avocados muss man einige Tage nachreifen lassen. Am besten lose in Zeitungspapier gehüllt bei Zimmertemperatur. Ein Apfel daneben sorgt mit seinem Ethylen, dass das Nachreifen schneller vonstatten geht.

5 Für das Zucchinigemüse die Zucchini knapp zentimeterklein würfeln. Im heißen Öl in einer Pfanne anbraten. Die Zwiebel pellen, Schnitze oder Halbringe schneiden und zu den Zucchini geben. Auch den Knoblauch pellen, in Scheibchen schneiden oder hacken und mitbraten. Salzen und pfeffern. Die Paprikaschote in Würfeln ebenfalls hinzufügen. Und am Ende fein gehackte Petersilie darüberstreuen. Alles miteinander in der heißen Pfanne durchschwenken, immer wieder schütteln, damit die Zucchiniwürfel rundum Bratspuren bekommen.

BEILAGE

Frisches Weißbrot.

GETRÄNK

Dazu darf der Weißwein kräftig sein – damit er der Schärfe und Würze standhält: ein Sauvignon blanc „Winkl" von der Kellereigenossenschaft Terlan in Südtirol.

Herzhafte Schweineröllchen

ZUTATEN

Für vier bis sechs Personen:

5–6 schöne Schweineschnitzel (je ca. 150 g)
2 EL Senf (siehe Tipp)
1–2 frische Blutwürste (Flöns, ca. 150 g)
1 säuerlicher Apfel (z. B. Elstar, Rubinette oder Cox Orange)
1 rote Zwiebel
Pfeffer
Salz
eventuell 100 g Speck in dünnen Scheiben
1 EL getrockneter Majoran
2 EL Schweineschmalz oder Öl
je 2 Thymian- und Rosmarinzweiglein
einige Salbeiblätter
2–3 Knoblauchzehen
500 ml Apfelwein

Hierfür lassen wir uns große, dünne Schnitzel schneiden, die man dann mit dem Fleischklopfer so auseinanderstreicht, dass eine ausreichend große Fläche entsteht: Gefüllt werden die Rouladen mit Blutwurstscheiben, Apfelscheibchen und Zwiebelringen – dann werden sie in Apfelwein langsam geschmort. Das ergibt eine herrliche Sauce und schmeckt umwerfend köstlich, zum Beispiel zu Bratkartöffelchen.

1 Die Schnitzel schön flach klopfen. Die gesamte Fläche mit Senf bestreichen. Die Blutwurst in Scheiben schneiden und auf dem Fleisch verteilen. Den Apfel schälen, vierteln, entkernen, in Scheibchen schneiden und auf die Blutwurst betten. Schließlich feine Ringe der Zwiebel dazwischenlegen. Alles pfeffern, mit Salz sparsam umgehen – vor allem, wenn man noch Speckstreifchen dazwischen verteilt. Majoran zwischen den Fingerspitzen zerrebeln und darüberstreuen.

2 Die Fleischscheiben zu Rollen aufwickeln, dabei darauf achten, dass sie rundum so verschlossen sind, dass nichts herausfällt. Mit Nadeln oder Zahnstochern gut feststecken oder mit Küchenzwirn verschnüren.

3 In einem flachen Bräter das Schmalz (oder Öl) erhitzen, die Rouladen darin rundum anbraten. Die Kräuterzweige und zerdrückten Knoblauchzehen dazwischen verteilen. Was an Zwiebel und Apfel nicht mehr in die Rollen gepasst hat, fein gehackt rundum streuen. Einige Minuten mitdünsten, bis die Zwiebeln weich sind, erst dann mit Apfelwein ablöschen. Zugedeckt bei milder Hitze – oder im auf 120 °C vorgeheizten Backofen (Heißluft; Ober-/Unterhitze 140 °C) – etwa 30 Minuten schmoren lassen.

4 Am Ende der Garzeit die Rouladen herausheben und warm stellen, im Bratfond mit dem Stabmixer spazieren gehen und alles zu einer cremigen Sauce mixen. Nochmals abschmecken. Zum Anrichten die Röllchen schräg durchschneiden und auf einem Saucenklecks auf vorgewärmten Tellern anrichten.

BEILAGE

Einfach frisches rohes Sauerkraut. Ein Gurkensalat oder auch ein knackiger roher Weißkrautsalat. Dafür das frische Kraut halbieren, quer in sehr feine Streifen schneiden oder hobeln, dabei dicke Strünke herausschneiden. Knapp 1 Teelöffel Salz darüberstreuen und das Kraut damit fest durchkneten. Schließlich allen Saft, der dabei entsteht, wegschütten. Das Kraut mit einem fruchtigen Essig und aromatischem Öl anmachen.

GETRÄNK

Ein knackig-herzhafter Apfelwein.

TIPP

Allein die Auswahl der Senfsorte gibt dem Gericht seinen Charakter – ob eher süßer, milder Senf oder der ganz scharfe, der fast wie Meerrettich beißt, ob mit ganzen Körnchen oder lieber glatt. Man kann aus einer Vielzahl unterschiedlichster Geschmäcker auswählen und nach Herzenslust probieren.

Für Feinschmecker: Innereien

Verkannte Delikatessen

Auf Herz & Nieren

Wenn von Innereien die Rede ist, verziehen viele Menschen das Gesicht. Dabei sind sie alle wahre Delikatessen, wenn sie von gesunden, jungen Tieren stammen und mit Sorgfalt zubereitet sind. Unsere Rezepte sollen Ihnen beweisen, wie köstlich diese Innereien schmecken, und Lust darauf machen, sie einmal auszuprobieren. Übrigens auch aus ethischen Gründen: Schließlich sollte man das Tier vollkommen verwerten, wenn es schon für unseren Genuss hat sterben müssen.

Im Allgemeinen findet die Leber noch am ehesten ihre Liebhaber – alle anderen inneren Werte, wie Herz, Nieren oder sogar Kutteln, zu genießen, muss man vielleicht noch lernen. Und man kann das lernen! Wichtig ist, dass man bei einem Metzger einkauft, der auch Innereien als gute Lebensmittel ansieht und sie entsprechend sorgsam behandelt. Sorgfalt und Sauberkeit sind dabei wichtig, wie eigentlich immer im Umgang mit Lebensmitteln, und am besten auch die Liebe dazu. Was man nicht mag, das behandelt man auch nicht mit der erforderlichen Ehrfurcht.

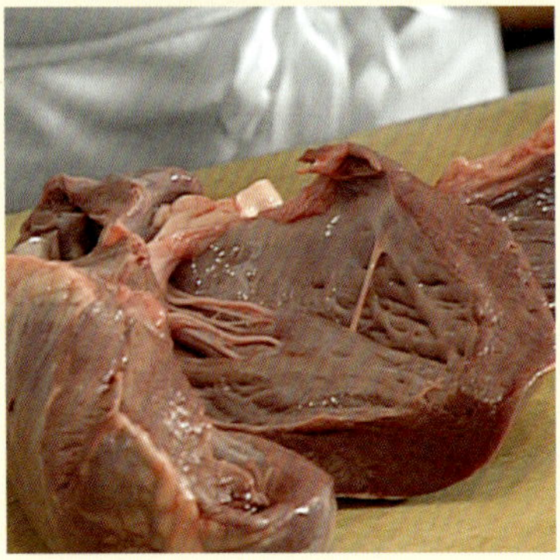

Und hoffentlich hat man einen Metzger, der die richtige Qualität besorgen kann. Zum Beispiel: Kutteln oder Kaldaunen, wie man im Norden Deutschlands sagt; dabei handelt es sich um den Magen von Wiederkäuern, meist vom Rind oder vom Schaf. Besonders zart sind die Kutteln vom Kalb. Man unterscheidet vier verschiedene Mägen des komplizierten Verdauungssystems, das es den Wiederkäuern erlaubt,

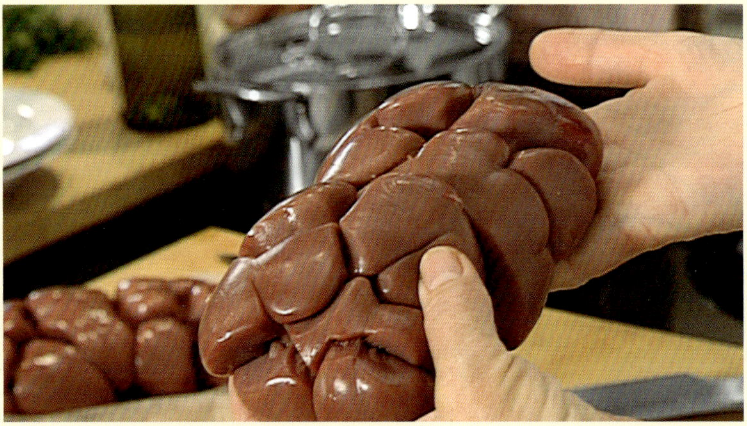

für uns unverdauliche Pflanzenfasern aufzuschließen und zu verwerten. Für den Genießer sind die vorderen Teile am interessantesten: Zunächst kommt die mit der Zunge abgerupfte Nahrung in den riesigen Pansen, wo sie von Bakterien in Angriff genommen wird. Dann wandert sie in den Netzmagen, der sie entweder zum Wiederkäuen ins Maul zurück- oder – wenn die Zerkleinerung (und Gewinnung von Eiweiß aus Zellulose durch die Arbeit der Bakterien) fortgeschritten ist – weiter in den Blättermagen befördert. Hier werden der Masse Flüssigkeit und Nahrungsbestandteile entzogen; der jetzt dickere Brei gelangt schließlich in den Labmagen, auch Käsemagen genannt – der eigentliche Magen, der im Prinzip wie der Magen eines jeden Säugetiers funktioniert. Hier wird von einer Drüse das Lab zugesetzt, eine Substanz, die tatsächlich als Säuerungsmittel bei der Käseproduktion Verwendung findet. Labmagen, Dünn- und Dickdarm sind für uns von geringerem Interesse, gelten in manchen Ländern (vor allem in Frankreich und Spanien) aber als ausgesuchte Delikatessen, die früher allerdings auch in der deutschen Küche verbreitet waren.

Pansen, Netz- und Blättermagen – Teile, die wirklich netzartig oder blättrig aussehen – müssen zunächst sehr gründlich gesäubert, gewässert und dann 1 bis 2 Stunden (Kalb) bis zu 10 Stunden (Kuh, Rind) lang vorgekocht werden. Das besorgt bereits der Metzger, oft wird es auch schon im Schlachthof erledigt, denn dabei entstehen Gerüche, die man in seiner Küche nich haben mag. In Süddeutschland ist das völlig selbstverständlich, in Norddeutschland muss man seinen Metzger womöglich erst davon überzeugen, wenn es denn überhaupt gelingt ... Man kann übrigens auch Kutteln in Dosen kaufen – wegen der ohnehin langen Kochzeit eine durchaus gute Möglichkeit, in kuttellosen Regionen an diese Spezialität zu kommen.

Kalbskutteln auf italienische Art

ZUTATEN

Für vier bis sechs Personen:

ca. 1,5 kg gereinigte, vorgekochte Kalbskutteln
1 große Zwiebel
2 EL Olivenöl
3–4 Knoblauchzehen
3 Petersilienstiele
1 Chilischote
1 Glas Weißwein
250–300 g passierte Tomaten (aus der Flasche, Dose oder dem Tetrapak)
Salz
Pfeffer
2 reife Tomaten
½ gelbe Paprikaschote
Basilikum

Das haben wir schon mehrfach erlebt: Da hat jemand in einer italienischen Trattoria neugierig auf den Nebentisch geguckt und „dasselbe" bestellt. (Was ist das? Trippa! Keine Ahnung, also bringen Sie mal!) Und den ganzen Teller mit Begeisterung verputzt. „Das war ja köstlich!" Aber dann ziemliches Entsetzen, wenn klar wurde, worum es sich da gehandelt hatte … Die Schere im Kopf! Wir wollen sie eliminieren. Denn richtig zubereitet, schmecken Kutteln wirklich ganz wunderbar. Vorausgesetzt, der Metzger hat auch wirklich Kalbskutteln besorgt. Und: Bitten Sie ihn, die Teile möglichst am Stück zu lassen, denn so fein, wie Sie sie dann schneiden sollten, damit auch wirklich ein delikates Gericht daraus entsteht, wird er das vermutlich nicht schaffen. Zu Hause geht dann alles ganz einfach:

1 Die Kutteln mit einem großen, scharfen Messer in geradezu nudelfeine Streifen schneiden.

2 Zwiebel fein würfeln und in einem ausreichend großen Topf (in dem später alle Zutaten bequem Platz finden) im heißen Öl andünsten. Den Knoblauch pellen und hacken, zusammen mit der Hälfte der fein gehackten Petersilie hinzufügen und mitschmurgeln lassen. Auch die entkernte, fein gewürfelte Chilischote. Erst wenn dieser sogenannte Sofrito angedünstet ist, kommen die Kutteln dazu. Den Wein angießen, auch die passierten Tomaten dazufügen und alles salzen und pfeffern. Dann zugedeckt etwa 30 bis 40 Minuten leise köcheln lassen.

3 In der Zwischenzeit die Tomaten mit kochendem Wasser überbrühen, eiskalt abschrecken, dann häuten und mitsamt den Kernen würfeln. Die Paprikaschote mit dem Sparschäler häuten – die Paprikahaut ist wie Tomatenhaut unbekömmlich und sieht nachher auch nicht schön aus.

4 Beides, Tomaten und Paprika, sowie die restliche Petersilie am Ende unterrühren und noch weitere 2 bis 5 Minuten mitköcheln. Schließlich zerzupftes oder geschnittenes Basilikum unterrühren und servieren.

Man isst die Kutteln auf italienische Art aus tiefen Tellern mit dem Suppenlöffel. Und streut nach Belieben frisch geriebenen Parmesan darüber.

BEILAGE

Frisches Weißbrot.

GETRÄNK

Ein leichter Chianti aus der Toskana oder ein süffiger Weißburgunder aus Südtirol.

Kalbsnieren mit Knoblauch und Petersilie

ZUTATEN

Für zwei Personen:

1 schöne Kalbsniere
2 EL Öl (oder Butterschmalz)
Salz
Pfeffer
5–6 Knoblauchzehen
1 Bund glatte Petersilie
½ Glas Weißwein
100 g Crème fraîche
1 Spritzer Zitronensaft
1 EL Balsamico

Wahrlich ein Gericht aus der feinen Küche – so könnte man Nierchen auch in einem guten Restaurant servieren. Die besten Kalbsnieren stammen von einem Milchkalb, das außer Muttermilch noch keine feste Nahrung bekommen hat. Dann ist die Niere von heller Farbe und wiegt nicht mehr als ca. 450 Gramm. Je größer und dunkler die Niere ist, desto älter war das Tier. Mehr als 700 Gramm sollte eine solche Niere jedoch nicht wiegen, dann kommt sie nämlich schon von einem Jungrind …
Nicht essbar sind die weißen Harnstränge im Inneren, aber die lassen sich leicht herausschneiden, sobald man die Nieren quer in gut fingerdicke Scheiben geschnitten hat. Mit einem spitzen Messer einfach rundum ausschneiden. Sodann braucht man eine blanke, also unbeschichtete Pfanne, denn die Nierchen müssen sehr heiß angebraten werden, damit sie keinen Saft ziehen – sie werden sonst zäh, und das wäre schade!

1 Die Niere sorgfältig putzen, wenn nötig sogar häuten. In knapp fingerbreite Scheiben schneiden, die weißen Harnstränge herausschneiden und die Scheiben dann wieder zusammenfügen.

2 Die Pfanne zunächst leer erhitzen, das Öl zufügen, das jetzt sofort Schlieren zieht und damit zeigt, dass die nötige Hitze erreicht ist. Die Nierenscheiben nebeneinander einlegen und auf beiden Seiten scharf anbraten, sie sollen schöne Bratspuren bekommen. Dabei die gebratene Seite salzen und pfeffern – nicht vorher, sonst verlieren die Scheiben Saft! Portionsweise arbeiten – es dürfen nie zu viele Scheiben auf einmal in die Pfanne, weil sonst die Temperatur zu stark absinkt. Gebratene Scheiben dann zwischen zwei vorgewärmten Tellern warm halten, besser noch im 60 °C warmen Backofen.

3 Die Hitze jetzt herunterschalten, im Bratfond die gehackten Knoblauchzehen andünsten, die Hälfte der fein gehackten Petersilie dazugeben und mit dem Wein erst ablöschen, wenn der Knoblauch schön weich ist. Einkochen, bis nur noch ganz wenig Flüssigkeit in der Pfanne ist, und schließlich die Crème fraîche einrühren. Die Sauce nochmals abschmecken, auch mit Zitronensaft und 1 Spritzer Balsamico würzen. Die Nierenscheiben in dieser Sauce einige Minuten ziehen lassen, auch den Saft, der sich im Teller gesammelt hat, unterrühren.

BEILAGE

Dazu passen Spätzle – am liebsten natürlich handgeschabt! (siehe Seite 90) –, feine Nüdelchen oder auch Bratkartoffeln.

GETRÄNK

Ein schöner, runder Spätburgunder. Zum Beispiel aus Franken, etwa vom Weingut Fürst.

Lammnierchen mit Rührei

ZUTATEN

Für zwei Personen:

2–4 Lammnierchen
2 EL Öl
Salz
Pfeffer
1 EL Essig
1 TL Balsamico

Rührei:
3–4 Eier
Salz
Pfeffer
1–2 Schalotten
einige Kräuterstiele
½ Chilischote
2 EL Butter

In England und allen anderen von England kolonialisierten Ländern klassisch: Zum Frühstück gibt's nicht nur Ham and Eggs, also Speck und Spiegelei, sondern sehr gern auch Lammnierchen zum Rührei. Lammnierchen haben die typische Nierenform und sind noch einfacher zu putzen: Man zieht die feine Haut ab, die sie umschließt, packt dann die weißen Stränge an der Innenseite der Niere, und schneidet mit dem Messer quer durch das Teil durch, entfernt dabei die Stränge in der einen Hälfte, in die man die Niere auf diese Weise geteilt hat, anschließend auch in der anderen Hälfte. Die sauberen Hälften werden nun rasch auf beiden Seiten gebräunt – sehr kurz und sehr heiß, wie man das schon von den Kalbsnieren kennt – und ziehen neben dem Feuer, während das Rührei zubereitet wird. Sie sind gar, wenn sie auf Fingerdruck geradezu elastisch Widerstand bieten.
Übrigens: Für das Rührei braucht man eine beschichtete Pfanne, damit nichts ansetzt. Und: Erst damit beginnen, wenn die Esser am Tisch sitzen. Sie müssen auf das Rührei warten und nicht etwa das Rührei auf sie!

1 Die Nierchen, wie oben beschrieben, sorgsam putzen und im heißen Öl scharf anbraten. Mit Salz und Pfeffer würzen, mit Essig besprenkeln und neben dem Feuer nachziehen lassen.

2 Die Eier verquirlen, salzen und pfeffern. Die Schalotte, sehr fein würfeln, die Kräuter hacken, eventuell auch ein bisschen Chili. In einer beschichten Pfanne in der heißen Butter andünsten, erst dann die Eier zufügen und unter Rühren sanft stocken lassen. Dabei immer wieder mit einem hitzebeständigen Gummi- oder Silikonschaber über den Pfannenboden streichen und die Masse in großen, saftigen Flocken abziehen. Das Rührei muss unbedingt noch feucht sein!

3 Auf vorgewärmte Teller verteilen, die gebratenen Nierchen daraufbetten und sofort servieren.

BEILAGE

Frisches Weißbrot oder Toast.

GETRÄNK

Grüner oder englischer Tee – als Frühstücksgetränk. Wer die Nierchen als Mittagsimbiss isst, darf natürlich auch ein Bierchen dazu genehmigen.

Rosa Kalbsherz auf buntem Salat

Das Herz ist im Prinzip nichts anderes als ein Muskel, der durch seine emsige Tätigkeit angenehm festes Fleisch liefert. Man muss es sorgfältig von allem befreien, was kein schönes rotes Fleisch ist, also Fett und Sehnen großzügig weg- und alles schön zuschneiden. Dann werden diese Fleischstücke auch nicht anders gebraten als ein Steak: in einer blanken Pfanne, sehr heiß, kurz anbraten, danach bei sanfter Hitze nachziehen lassen, damit sich die Säfte verteilen und das Fleisch durch und durch rosa ist. Man schneidet es schließlich dünn auf und richtet die feinen Scheiben auf einem Bett von bunt gemischtem Salat an.

1 Die Kalbsherzstücke in Olivenöl in der sehr heißen Pfanne auf beiden Seiten kräftig anbraten, richtig kross! Dann salzen und pfeffern, mit etwas Balsamico beträufeln, darin drehen und wenden, damit das Fleisch davon glasiert wird. Anschließend mit Alufolie abgedeckt in den 60 °C warmen Backofen stellen, bis alles Weitere erledigt ist.

2 Die Salatblätter waschen und gut abtropfen lassen. Die Böhnchen in stark gesalzenem Wasser ca. 6 bis 7 Minuten bissfest kochen, eiskalt abschrecken, damit sie ihre schöne grüne Farbe behalten. Die Pinienkerne in einer beschichteten Pfanne ohne Fett rösten, bis sie goldbraun sind. Aus den angegebenen Zutaten eine Marinade rühren, die Blätter darin rasch wenden, nicht drin liegen lassen, sondern sofort abtropfen und als Bett auf zwei großen Tellern hübsch anrichten. Die Böhnchen darauf verteilen, auch die Pinienkerne gleichmäßig darüberstreuen.

3 Kurz vor dem Servieren die Herzstücke in dünne Scheiben schneiden und dachziegelartig obenauf verteilen. Alles mit der restlichen, nochmals cremig aufgeschlagenen Marinade beträufeln.

BEILAGE

Einfach frisches Baguette.

GETRÄNK

Ein herzhafter Riesling, zum Beispiel aus der Pfalz.

ZUTATEN

Für zwei Personen:

ca. 300–400 g sauber pariertes Kalbsherz
2 EL Olivenöl
Salz
Pfeffer eventuell etwas Balsamico

Salat:
2–3 großzügige Handvoll gemischte Salatblätter (Mesclun-Salat oder eine selbst zusammengestellte Mischung aus verschiedenen Blattsalaten und Kräutern)
100 g feinste grüne Böhnchen
Salz
50 g Pinienkerne

Marinade:
2 EL fruchtiger Apfelessig
1 gehäufter EL Apfelsenf (oder ein anderer süßer Senf)
1–2 TL Apfelbalsamico
Salz
Pfeffer aus der Mühle

Kalbsleber mit Äpfeln und Zwiebeln auf Kartoffelpüree

Der Klassiker, die berühmte Leber Berliner Art – einfach eine wunderbare Kombination! Die Fruchtigkeit der Äpfel harmoniert mit der Süße der Zwiebeln, die im Übrigen schön kross sein sollten. Dazu die ebenso knusprig gebratene Leber und das luftige, duftige Kartoffelpüree … Wichtig: Nehmen Sie unbedingt immer zarte Kalbsleber, sie schmeckt einfach großartig. Ebenfalls sehr köstlich: Lammleber, Zickleinleber oder Rehleber, auch Hähnchenlebern schmecken natürlich hervorragend. Nicht so empfehlenswert für diese Zubereitung ist Rinderleber oder Schweineleber. Daraus macht man lieber ganz wunderbare Leberknödel!
Bitten Sie Ihren Metzger, die Scheiben für Sie aus einem Stück zu schneiden, in dem wenig oder keine Sehnen stecken – das garantiert größeren Genuss. Und achten Sie darauf, dass er die Scheiben gleichmäßig dick schneidet! Natürlich sollte er die Leber zuvor gehäutet haben – das ist wichtig, damit sich die Scheiben in der Pfanne nicht hochwölben. Aber das ist eigentlich eine Selbstverständlichkeit.

ZUTATEN

Für vier Personen:

4 schöne, gleichmäßig fingerdicke Scheiben Kalbsleber
Salz
Pfeffer
2 EL getrockneter Majoran
4 EL Mehl
2–3 El Öl
etwas Balsamico

Außerdem:
1 mittelgroßer Apfel
Salz
Pfeffer
1 TL Zucker
2–3 Zwiebeln
3 EL Olivenöl
ca. 50 g Butter
nach Belieben frische Kräuter

1 Die Kalbsleberscheiben auf Küchenpapier abtupfen, zunächst auf einer Seite salzen, pfeffern und mit zwischen den Fingerspitzen zerriebenem Majoran würzen. Auf dieser Seite in Mehl tauchen und gut abschütteln, damit es nur noch hauchfein die Leber überzieht – das ist der Trick, damit sie schön knusprig wird. Auch auf der anderen Seite mit Salz, Pfeffer sowie Muskat würzen und dünn mit Mehl bestäuben. Und nun ins heiße Öl geben – eine große beschichtete Pfanne nehmen! Die Leberscheiben auf beiden Seiten schön knusprig braten, mit etwas Balsamico beträufeln und in Alufolie wickeln. Im 60 °C warmen Backofen nachziehen lassen, bis alles andere erledigt ist.

2 Den geviertelten, vom Kerngehäuse befreiten Apfel in Scheibchen schneiden und im Bratfett unter Schwenken und Schütteln braten, bis alles schöne Bratspuren zeigt. Dabei salzen, pfeffern und mit etwas Zucker würzen. Auf einem Teller beiseite stellen. Die Zwiebeln in hauchfeine Ringe hobeln, in Mehl wenden, überschüssiges Mehl gut abschütteln – nur so kriegt man sie so begehrenswert knusprig! Und dann im heißen Öl langsam kross braten, dabei ebenfalls mit Salz, Pfeffer und Zucker würzen, immer wieder schütteln und wenden, bis sie fast rascheln, weil sie so schön trocken geworden sind.

3 In der Zwischenzeit für das Kartoffelpüree die Kartoffeln schälen und in Salzwasser gar kochen. Das Wasser abgießen, stattdessen Milch in den heißen Topf gießen. Auch Salz, Pfeffer und Muskat hinzufügen. Und mit dem Stampfer alles zu einem fast glatten Püree stampfen. Wie viel in Stückchen bleibt, hängt von Ihrem Geschmack ab. Die Sahne zufügen und, falls nötig, noch mehr Milch, bis eine schöne duftige, lockere Konsistenz erreicht ist. Abschmecken und dann anrichten:

4 Jeweils einen Klecks Püree in die Tellermitte häufen. Darauf die Leberscheiben legen, die Apfelscheibchen auf der Schnitte verteilen und obenauf die Zwiebeln häufen. Rundum dekorative Kleckse von Balsamico setzen und nach Belieben noch frische Kräuter darüberstreuen.

GETRÄNK

Ein sanfter, runder Rotwein, zum Beispiel einen Wein aus Südamerika, Chile, Argentinien oder Brasilien. Weine aus diesen Ländern können ein erstaunliches Preis-Leistungs-Verhältnis aufweisen!

Kartoffelpüree:
ca. 1 kg mehlige Kartoffen
Salz
ca. 200 ml Milch
Pfeffer
Muskatnuss
50 g Sahne

Fingerfood

Einfach zugreifen!

Fingerfood für die Party

Wer mag schon groß kochen, wenn man eigentlich nur Party machen will? Trotzdem möchte und muss man natürlich etwas zwischen die Zähne bekommen. Denn eine solide Basis für die Getränke muss einfach sein! Dafür schlagen wir ein paar pfiffige Partyhappen vor, die allesamt nicht viel Mühe machen, die sich gut vorbereiten lassen und müde Partykrieger wieder auf die Beine bringen und die man bequem aus der Hand verspeisen kann. So spart man viel Aufwand und als Gastgeber den Abwasch.

Dips zum Stippen

Drei würzige, superleckere Cremes, leicht, bekömmlich und voller Geschmack! Die man entweder mit Kartoffelchips aufstippt oder auf Pumpernickeltaler streicht. Wirklich im Handumdrehen fertig:

Räucherfisch-Dip

Kann man mit geräucherten Forellen zubereiten, aber auch mit anderen Räucherfischen wie zum Beispiel Heilbutt!

1 Den Räucherfisch von den Gräten pflücken und dabei klein zerzupfen oder sogar mit einem Messer zerhacken, wenn es sich um festeres Fleisch handelt.

2 Schnittlauch fein schneiden. Die Butter – sie muss zimmerwarm sein, deshalb unbedingt schon 2 Stunden vorher aus dem Kühlschrank nehmen – mit dem Schneebesen (Handrührer) cremig schlagen, mit Salz, Pfeffer, Zitronenschale, Muskat und Cayennepfeffer (oder winzig gewürfelter Chilischote) würzen. Die Crème fraîche unterrühren. Dann auch den Räucherfisch und Schnittlauch unter diese Crème mischen.

3 In eine kleine Terrine füllen und kalt stellen. Zum Servieren auf Crostini streichen oder zusammen mit Kartoffelchips servieren.

TIPP

Die Chips kann man übrigens selbst machen: Dafür die Kartoffeln schälen, auf dem Gurkenhobel in Scheibchen schneiden und in kaltem Wasser einige Minuten wässern, um die Stärke zu entfernen. Dann sehr gründlich abtrocknen. Und in heißem Öl schwimmend knusprig ausbacken. Sie werden noch knuspriger, wenn man sie zwei Mal frittiert. Erst danach salzen!

ZUTATEN

Für sechs Personen:

250 g Räucherfisch
1 Bund Schnittlauch
50 g zimmerwarme Butter
Salz
Pfeffer
etwas abgeriebene Zitronenschale
Muskatnuss
etwas Cayennepfeffer oder besser noch 1 frische Chilischote
150 g Crème fraîche

Kartoffelchips:
2 mittelgroße Kartoffeln
Öl zum Ausbacken
Salz

Avocadocreme

ZUTATEN

Für sechs Personen:

1–2 reife Avocados
6 Pfefferkörner
2 Wacholderbeeren
3 Pimentkörner
½ TL Salz
Saft von 1 Limette oder ½ Zitrone
1 Schalotte
Koriandergrün

Dafür muss man die Avocados rechtzeitig besorgen, damit sie nachreifen kann. Nur selten bekommt man sie nämlich zum sofortigen Verzehr perfekt ausgereift. Reife Avocados geben auf behutsamen Fingerdruck sanft nach, etwa wie zimmerwarme Butter. Unreife Avocados sind hart und ungenießbar. Sie müssen dann einige Tage bei Zimmertemperatur nachreifen, am besten zusammen mit einem Apfel in der Obstschale, der mit seinem Ethylen, das er verströmt, den Reifeprozess beschleunigt.

Die Avocado(s) schälen und das Fruchtfleisch mit einer Gabel zerdrücken. Sollten sich bereits Fäden darin gebildet haben, durch ein feines Sieb streichen. Die Gewürzkörner mit dem Salz in einem Mörser fein zerreiben, zusammen mit dem Limetten- oder Zitronensaft unter die Avocadomasse rühren. Sehr fein gehackte Schalotte und fein geschnittenes Koriandergrün ebenfalls unterrühren. Kräftig abschmecken!

TIPP

Statt des roten Paprikapulvers zur Abwechslung grünes Paprikapulver nehmen, dann aber eine weiße oder normale Haushaltszwiebel anstelle der roten verwenden. In diesem Fall auch Kerbel oder ein anderes Kraut mitmixen, um die Creme noch grüner zu machen.

Käse-Dip

ZUTATEN

Für vier Personen:

200 g Frischkäse
(oder eine Mischung
halb Quark/halb Frischkäse)
1 rote Zwiebel
Salz
Pfeffer
1 TL rotes Paprikapulver
1–2 EL Zitronensaft
1 EL Olivenöl

Aus Frischkäse – ganz nach Gusto aus de Milch von Kuh, Ziege oder Schaf. Man kann auch eine Mischung verwenden.

Frischkäse in einen Mixbecher füllen, die Zwiebel auf der feinen Reibe hinzureiben. Die übrigen Zutaten hinzufügen und alles mit dem Pürierstab glatt mixen.

GETRÄNK

Zu diesen Dips einen Aperitif servieren, zum Beispiel einen Prosecco oder Winzersekt.

Gurken- & Kartoffeltaler

Das sieht hübsch aus und schmeckt erfrischend: Die gleichen Cremes auf Gurkenscheiben oder auf gebratene Kartoffelscheiben streichen. Entweder so servieren oder auch mit Stücken vom Matjes belegen. Und mit einem Dillblättchen schmücken.

1 Die Gurke mit dem Sparschäler so schälen, dass hauchdünne, schmale grüne Streifen stehen bleiben. Die Gurke dann quer in knapp fingerdicke Scheiben schneiden. Diese nebeneinander auf einer Platte anordnen, mit Salz und Pfeffer würzen. Jeweils etwas von einem der Dips daraufstreichen. Und ein Stück Matjesfilet obenauf platzieren. Mit einem kleinen Dillzweiglein garnieren.

2 Die Kartoffeln am besten bereits am Vortag gar kochen. Dann pellen, quer in knapp zentimeterdicke Scheiben schneiden und nebeneinander in einer beschichteten Pfanne in wenig Öl auf beiden Seiten goldbraun braten. Die Scheiben dann auf einer Platte anrichten, dort kühlen sie ein wenig ab, und man kann sie jeweils mit etwas Dip bestreichen und 1 Stück Matjesfilet obenauf setzen. Mit etwas Dill garnieren.

GETRÄNK

Dazu passt ein Pils oder auch ein fruchtiger Cidre.

ZUTATEN

Für vier bis sechs Personen:

1 Salatgurke
Salz
Pfeffer
jeweils 1 Portion von den Dips aus dem vorhergehenden Rezept
eventuell 6 Matjesfilets
4–5 mittelgroße Kartoffeln
Öl zum Braten
Dill

Bruschetta

ZUTATEN

Für sechs Personen:

1 Baguette oder Ciabatta
300 g Champignons
1 rote Zwiebel
2 EL Olivenöl
Salz
Pfeffer
2 Petersilienzweige

So wird in Italien geröstetes Brot genannt, wenn es mit Knoblauch abgerieben und mit etwas Olivenöl beträufelt wurde. Dann kann man noch eine zerdrückte Tomate darauf verteilen, nach Belieben auch etwas zerzupftes Basilikum – und fertig ist ein Happen zum Glas Wein. Natürlich kann man auch von unseren Dips ein wenig auf diese gerösteten Brotscheiben streichen. Oder auch diese gedünsteten Pilze:

1 Das Brot in gleichmäßig dünne Scheiben schneiden und rösten (siehe Tipp).

2 Die Pilze putzen, in Scheibchen schneiden. Die Zwiebel schälen und sehr fein würfeln. Zuerst die Zwiebel in einer beschichteten Pfanne im heißen Öl sanft andünsten. Dabei salzen und pfeffern, sogleich etwas fein gehackte Petersilie zufügen. Dann die Champignons hinzufügen. Einige Minuten sanft schmurgeln, bis die Zwiebeln weich und die Pilze gar, aber noch hell sind. Am Ende nochmals abschmecken und auf die gerösteten Brotscheiben häufen.

GETRÄNK:

Jetzt darf es ein leichter, frischer Weißwein sein – ein Silvaner etwa, zum Beispiel aus Franken.

TIPP

Die Brote möglichst auf einem Blech nebeneinander im Ofen rösten, das geht schneller als im Toaster. Am besten bereits vor dem Rösten mundgerechte Happen zuschneiden.
Und: Damit die Brotscheiben sich beim Backen nicht wölben und verziehen, am besten ein zweites Blech obenauf legen.

Tomatentürmchen

Sehr pfiffig und besonders hübsch: Die Tomaten werden gehäutet und quer in drei Teile geschnitten, den Stiel nach oben – dann wird jeweils eine Scheibe Mozzarella und ein Kräuterblättchen dazwischengepackt, alles wieder aufeinandergesetzt und mit einem Zahnstocher zusammengesteckt. Auf einem Blech werden die Tomaten so lange in den heißen Ofen gestellt, bis der Käse schmilzt.

ZUTATEN

Für sechs Personen:

6–8 gleich große Tomaten
200 g Mozzarella
Salz
Pfeffer
Basilikum oder Petersilie
2–3 EL Olivenöl

1 Die Tomaten zunächst mit kochendem Wasser überbrühen, dann kalt abschrecken – regelrecht abkühlen! Abschrecken allein genügt nicht, um den Garprozess zu stoppen! Die Tomaten häuten, die Stiele unbedingt dranlassen. Die Tomaten dann quer in drei Scheiben teilen – die oberste Scheibe mit dem Stiel sollte nur ein kleines Hütchen sein.

2 Die beiden unteren Tomatenteile salzen, pfeffern, jeweils 1 Scheibe Mozzarella darauflegen, ebenfalls mit Salz, Pfeffer würzen und mit einem Kräuterblatt bedecken. Die Tomaten wieder zusammenbauen, das Hütchen mit dem Stiel obenauf. Alles senkrecht mit einem Zahnstocher durchstechen, um es zu fixieren.

3 Die Tomaten nebeneinander auf ein Blech setzen. Mit Olivenöl beträufeln. Dann im 180 °C heißen Ofen (Heißluft; Ober-/Unterhitze 200 °C) ca. 10 Minuten backen, bis der Käse schmilzt.

GETRÄNK

Dazu einen frischen, säurebetonten Weißwein servieren, zum Beispiel einen weiß gekelterten Spätburgunder vom Bodensee.

Zweierlei Mangoldröllchen

Ein feiner Happen aus der Hand, wenn er kalt serviert wird. Warm isst man die Röllchen lieber von einem kleinen Teller. Man kann sie schmoren oder dämpfen — und man kann sie unterschiedlich füllen: ganz vegetarisch, mit Reis, Pinienkernen und Rosinen. Oder mit einer herzhaften Hackfleischfüllung. In jedem Fall passt eine Tomataise dazu – unsere cremige Sauce aus Tomatenpüree und Olivenöl.

ZUTATEN

Für sechs Personen;

ca. 500 g Mangoldblätter
Salz
ca. 500 ml Brühe zum Schmoren
2 EL Olivenöl zum Aufmixen der Sauce

Füllung mit Reis und Pinienkernen:

1 große Zwiebel
2 EL Olivenöl
2–3 Knoblauchzehen
2 EL Pinienkerne
2 EL Rosinen
Petersilie oder Minze
150 g Langkornreis
ca. 500 ml Brühe
Salz
Pfeffer

1 Zunächst die Blätter vorbereiten: Die Stiele herausschneiden, sehr große Blätter längs halbieren – die Röllchen werden sonst zu groß, sie sollten nicht mehr als daumenlang sein, damit man sie bequem aus der Hand essen kann. Einen Teil der Stiele sehr fein würfeln (zuvor die Fäden an der Außenseite abziehen) und in die Füllung mischen. Die anderen Stiele für ein anderes Gericht vorsehen (siehe Tipp!).

2 Die Blätter in Salzwasser blanchieren: Dafür in einem großen Topf Wasser zum Kochen bringen, dann salzen (auf 1 Liter 1 Teelöffel Salz rechnen). Die Blätter hineingeben und zugedeckt rasch erneut aufkochen. Dann die Blätter herausfischen und in eiskaltem Wasser abkühlen.

3 In der Zwischenzeit die Füllung vorbereiten: Für die vegetarische Füllung Zwiebel sehr fein würfeln und im heißen Öl andünsten, fein gehackten Knoblauch zufügen, auch die Pinienkerne und die Rosinen sowie das fein gehackte Kraut. Schließlich den Reis hinzufügen und mitdünsten, bis er überall von Fett überzogen glänzt. Dann die Brühe angießen und den Reis zugedeckt etwa 15 Minuten ausquellen lassen.

TIPP

Hier kann man eine kleine Menge (ca. 2 Tassen) fein gewürfelte Mangoldstiele mitdünsten.

4 Diese Reismischung nochmals abschmecken, dann esslöffelweise in die Blätter wickeln und zu daumendicken Röllchen formen: Die Füllung auf ein Ende der Blätter setzen, dann die Blätter zuerst von der Seite darüberklappen, schließlich aufrollen und darauf achten, dass nichts an den Seiten herausquellen kann. Die Röllchen immer mit der Naht nach unten legen, damit sie zusammenhalten. Zum Dämpfen nebeneinander auf einen Dämpfeinsatz setzen oder auf ein Tablett für den Dampfgarer. Mit Olivenöl bepinseln und im Dampf ca. 8 bis 10 Minuten garen.

5 Für die Hackfleischfüllung zuerst das Brötchen in Würfel schneiden, mit heißer Milch bedecken und einweichen lassen. Die Zwiebel sehr fein würfeln, im heißen Öl andünsten. Auch hier Mandgoldstiele mitdünsten. Fein gehackten Knoblauch, Kräuter und gehackte Chili dazugeben. Zusammen mit dem eingeweichten Brötchen unter das Hackfleisch mischen. Gut durchkneten, die Masse mit Salz, Pfeffer und Bockshornklee sehr kräftig abschmecken – auch mit 1 Schuss thailändischer Fischsauce oder Sojasauce.

6 Diese Füllung in die vorbereiteten Mangoldblätter wickeln, dabei schöne Röllchen formen.

Hackfleischfüllung:
½ altbackenes Brötchen
ca. 100 ml Milch
1 Zwiebel
2 EL Olivenöl
2 Knoblauchzehen
1 Bund Petersilie
1–2 Chilischoten
300 g Hackfleisch
Salz
Pfeffer
1 TL gemahlener Bockshornklee
1 EL thailändische Fischsauce
oder Sojasauce

Tomataise:
100 g Tomatenpüree (aus dem Glas)
100 g Olivenöl
1 Spritzer Balsamico
Salz
Pfeffer
Zitronensaft

TIPP

Mangoldstiele sind ein wunderbares Gemüse: Sie möglichst gleichmäßig zuschneiden, zu fingerlangen Stiften oder quer in Scheibchen. Dann in Olivenöl andünsten, dabei ruhig etwas Knoblauch und Zwiebel hinzufügen. Mit Brühe halb bedecken und 20 Minuten leise weich schmoren. Nach Belieben noch Tomatenwürfel dazugeben und am Ende reichlich gehackte Kräuter. Eine schöne Beilage zu einem Schnitzel!

7 Zum Schmoren diese Röllchen in einem flachen, breiten Schmortopf in heißem Öl anbraten – die Nahtstelle zuerst nach unten! Dann jeweils um ein Viertel weiterdrehen, damit die Röllchen rundum schöne Bratspuren bekommen. Brühe angießen, höchstens so viel, dass die Röllchen zur Hälfte darin liegen. Zugedeckt auf kleiner Hitze sanft ca. 20 bis 30 Minuten gar schmurgeln lassen. Entweder warm servieren, dann mit etwas vom Schmorsud beträufeln, der mit 1 bis 2 Löffeln Olivenöl aufgemixt wurde, oder kalt – dann passt auch hier eine Tomataise dazu.

8 Die ist mit dem Mixstab schnell aufgeschlagen: Tomatenpüree in einen hohen Mixbecher geben, die Hälfte des Olivenöls, Balsamico, Salz, Pfeffer und Zitronensaft hinzufügen und alles mit dem Stabmixer cremig aufschlagen, dabei das restliche Öl langsam einfließen lassen, bis die Sauce dicht und cremig ist.

GETRÄNK

Zu den geschmorten Fleischröllchen kann man einen kräftigen Roten trinken, etwa einen spanischen Rioja. Und zu den gedämpften Röllchen mit dem klaren Geschmack gibt es einen ganz mediterranen Weißen, etwa einen sizilianischen, sardischen oder griechischen.

Kürbis-Crème-brûlée

Cremig, sahnig und bestens vorzubereiten. Weil Kürbis sich neutral verhält, sich also allen Gewürzen unterordnet und anpasst, kann man diese Creme als einen überraschenden kleinen Zwischengang in einem großen Menü servieren, aber auch als krönenden Abschluss, als originelles Dessert.

1 Das Kürbisfleisch würfeln und in der Butter andünsten. Salzen, pfeffern und die Brühe angießen. Zugedeckt etwa 20 bis 30 Minuten absolut weich kochen. Sahne angießen, alles mit dem Pürierstab ganz fein pürieren. Mit Zitronenschale, Cayennepfeffer, Muskat, Essig und Fischsauce sehr kräftig abschmecken.

2 **Für die süße Variante** die entsprechenden Gewürze zufügen. Von dieser Creme ca. 300 Milliliter abmessen. Das Eigelb untermixen, sehr würzig (oder süß!) abschmecken und in Portionsschälchen verteilen: Soufflèförmchen, flache Gratinförmchen oder auch Kaffee- oder Espressotassen. (Man kann diese Crème brûlée als größere oder kleinere Portion servieren.)

3 Die Förmchen in die tiefe Fettpfanne des Backofens stellen und so viel heißes Wasser angießen, dass sie zu zwei Dritteln davon umspült werden. Bei 120 °C (Ober-/Unterhitze) ca. 1 Stunde stocken lassen; im Dampfgarer bei 85 °C ebenfalls knapp 1 Stunde.

4 Abkühlen lassen, ruhig über Nacht im Kühlschrank – dabei mit Klarsichtfolie abdecken. Zum Servieren die Oberfläche der Kürbis-Crème-brûlée mit Zucker bepudern und mit dem Bunsenbrenner abflämmen.

GETRÄNK

Zur herzhaften Version empfiehlt Moritz einen kraftvollen Grauen Burgunder vom Kaiserstuhl, zur süßen einen fast lieblichen Traminer.

ZUTATEN

Für sechs Personen:

Die herzhafte Version:
ca. 250 g Kürbisfleisch
2 EL Butter Salz
Pfeffer
250 ml Brühe
200 g Sahne
etwas Zitronenschale
1 Hauch Cayennepfeffer
Muskatnuss
2 Eigelb
2 EL aromatischer Essig
1 guter Spritzer thailändische Fischsauce
Puderzucker zum Karamellisieren

Das süße Dessert:
250 g Kürbisfleisch
2 EL Butter
1 Prise Salz
2 EL Zucker
1 TL Vanillezucker
250 ml Milch
200 g Sahne
etwas abgeriebene Zitronenschale
2 EL Zitronensaft
2 Eigelb
Puderzucker zum Karamellisieren

Kochen aus dem Stand

Kochen aus dem Stand

Was Gutes auf den Tisch bringen, ohne vorher Anlauf zu nehmen, also nicht erst lange einkaufen zu müssen, sondern mit dem, was im Haus ist, ein Essen zu zaubern – das meinen wir mit „Kochen aus dem Stand“. Ein paar Grundzutaten müssen Sie dafür freilich im Haus haben – von nichts kommt nichts. Aber Zwiebeln, Kartoffeln, Knoblauch, vielleicht sogar ein paar Möhren oder sogar eine Sellerieknolle im Gemüsefach, natürlich Eier im Kühlschrank – das alles sind Dinge, die sich auch längere Zeit bestens halten und keineswegs ganz frisch eingekauft werden müssen.

Im Vorratsschrank sollten sich ohnehin immer ein paar Zutaten für den Notfall befinden: Nudeln (von Spaghetti bis zu anderen Lieblingsformen ruhig eine kleine Auswahl!) und Reis (am besten zwei Sorten: einen guten Rundkornreis für Risotto und einen feinen Spritzkornreis, vielleicht sogar Jasmin-Duftreis für asiatisch orientierte Gerichte). Sardinen, Anchovis und Thunfisch in Dosen oder Glas (immer darauf achten, dass beides in Olivenöl eingelegt ist einfach deshalb, weil man dafür eine bessere Qualität nimmt!) sind immer eine ideale Basis für die unterschiedlichsten Imbissgerichte. Auch geschälte Tomaten, Tomatenmark oder -püree sind nützlich, für Suppen und Saucen. Und aus getrockneten Hülsenfrüchten Linsen, Bohnen, Erbsen lassen sich die herrlichsten Gerichte zubereiten. Auch ein Stück Butter findet sich hoffentlich immer im Kühlschrank, ein ordentliches Olivenöl sollte da sein, und ein paar Gewürze, womöglich sogar ein Kräutertöpfchen auf der Fensterbank – dann kann einem eigentlich nichts passieren, selbst, wenn plötzlich hungrige Gäste vor der Tür stehen.

Für manche unserer Rezepte muss man tatsächlich nicht vor die Tür, für andere vielleicht eine oder zwei Zutaten frisch einkaufen, etwa auf dem Heimweg rasch beim Metzger zwei Schnitzel oder beim Gemüsehändler den herrlichen Blumenkohl aus dem Sonderangebot. Und dann steht tatsächlich in kurzer Zeit ein pfiffiges, köstliches Essen auf Tisch eben aus dem Stand!

Blumenkohlcurry

Den Blumenkohl bringt man frisch vom Markt oder aus dem Supermarkt mit. Alles Übrige, was man für dieses Gericht braucht, kann man vorrätig haben:

1 Den Blumenkohl in Röschen zerlegen, die Stiele in Scheibchen schneiden. Zwiebel und Knoblauch schälen und fein würfeln. Ingwer schälen, zuerst in feine Scheiben, diese in feine Streifen und quer in kleine Würfel schneiden.

2 Den Reis im Reiskocher nach Vorschrift aufsetzen. Sonst in einem Topf mit gut schließendem Deckel mit der 1½-fachen Menge Wasser zum Kochen bringen, einige Salzkrümel zufügen. Nach dem ersten kräftigen Aufwallen die Hitze auf kleinste Stufe herunterschalten. Den Reis noch 20 Minuten langsam ausquellen lassen. Erst dann den Topfdeckel lüften und den Reis mit einer Gabel auflockern.

3 Zwiebel, Knoblauch und Ingwer in einem Topf im heißen Öl andünsten. Die Currypaste hinzufügen und mitrösten, dabei mit dem Kochlöffel gründlich zerdrücken, damit sie sich mit dem Öl vermischt. Schließlich die Kokossahne angießen. Langsam aufkochen, währenddessen mit Zitronensaft, einem Stück abgeschnittener Zitronenschale, Fischsauce und Zucker würzen.

4 Den Blumenkohl in diese Sauce geben, salzen und zugedeckt auf mittlerem Feuer etwa 10 bis 15 Minuten garen.

5 Unterdessen die Bratwürste häuten, das Brät zu kleinen Klößchen formen und am Ende in den Topf füllen. Nochmals 5 Minuten leise ziehen lassen, bis die Klößchen gar sind.

6 Zum Servieren jeweils eine Portion Reis in die Tellermitte häufen. Den Blumenkohlcurry drumherum verteilen. Wer hat, streut jetzt noch Koriandergrün oder einfach zerzupfte Petersilie darüber.

ZUTATEN

Für zwei bis drei Personen:

1 mittelgroßer Blumenkohl
1 Zwiebel
2–3 Knoblauchzehen
1 walnussgroßes Stück Ingwerwurzel
100 g Langkornreis (thailändischer Duftreis)
Salz
2 EL neutrales Öl
1–2 TL rote
grüne oder gelbe Currypaste
(Asienladen, notfalls Currypulver)
400 ml Kokossahne (Tetrapak)
1 Zitrone
1–2 EL Fischsauce
½ TL Zucker
2–3 frische grobe Bratwürste
eventuell Koriandergrün
oder Petersilie

Kartoffelpuffer

ZUTATEN

Für zwei bis drei Personen:

800 g mehlig kochende Kartoffeln
1 mittelgroße Zwiebel
nach Belieben
2–3 Knoblauchzehen
1–2 Zucchini (ca. 300 g)
2 Eier
Salz
Pfeffer
Muskatnuss

Außerdem:
Olivenöl zum Backen

Bevor ab Anfang Juni die neuen Kartoffeln kommen, sollte man die alten vom Vorjahr aufessen. Das Allerbeste, was man daraus machen kann, sind Kartoffelpuffer! Die sind ja immer ein Leckerbissen, egal, ob man sie mit Apfelmus, mit Blut- und Leberwurst oder womit auch immer isst. Wir mischen unter die Kartoffeln – wegen der Farbe, der besseren Optik und für den frischen Geschmack – Zucchini!

1 Kartoffeln, Zwiebeln und nach Belieben Knoblauch schälen, dann auf der feinen Raffel oder Reibe zerkleinern. Die Zucchini möglichst nur an ihrer äußeren Schicht fein reiben, sodass die schöne Schale in den Kartoffelteig gelangt, das Innere kann man einfach wegwerfen. Alles gut mischen, die Eier einarbeiten und mit Salz, Pfeffer sowie Muskat würzen.

2 Praktischerweise arbeitet man in zwei Pfannen gleichzeitig, das geht schneller, allerdings muss man dann auch gehörig aufpassen, damit der Puffer in der einen Pfanne nicht zu dunkel wird, während man sich mit der anderen Pfanne beschäftigt.

3 Öl in der Pfanne erhitzen, jeweils 1 guten Esslöffel des Kartoffelteigs hineinsetzen und glatt streichen. Auf mittlerem Feuer langsam backen, bis die Küchlein rundum einen braunen Rand zeigen. Erst dann die Puffer wenden und auch auf der anderen Seite backen. Die Masse immer wieder aufrühren und gründlich mischen, bevor sie in die Pfanne gesetzt wird.

4 Die Puffer möglichst rasch verspeisen, nicht warm halten, damit sie schön knusprig bleiben.

DAZU SCHMECKT:

Schnittlauch-Dip: Dafür 1 Becher saure Sahne und 1 Becher griechischen Joghurt miteinander glatt rühren, mit Salz, Pfeffer, reichlich Schnittlauch und einigen Tropfen Zitronensaft, eventuell sogar etwas abgeriebener Zitronenschale würzen. Für einen besonderen Anlass 1 Löffel Forellen- oder Lachskaviar dazureichen.

Gedämpftes Schollenfilet

Das ist im Handumdrehen fertig, schmeckt traumhaft und ist obendrein bekömmlich, leicht und absolut kalorienarm!

1 Das Fischfilet auf einen Teller betten, der mit Olivenöl eingepinselt und mit etwas Salz und Pfeffer bestreut ist. Das Fischfilet selbst ebenfalls salzen, pfeffern und mit etwas Currypulver würzen. Etwas abgeriebene Zitronenschale und fein geschnittene Kräuter darüberstreuen. Einige Tropfen Olivenöl darüberträufeln.

2 Den Teller auf einem Rost in den Wok stellen, in dem 1 Tasse Wasser zum Kochen gebracht wurde. Deckel aufsetzen, das Fischfilet knapp 2 Minuten dämpfen. Die Flüssigkeit, die sich nun im Teller gesammelt hat, in einen Mixbecher abgießen, Zitronensaft und einen Esslöffel Olivenöl hinzufügen. Aufmixen, bis alles zu einer duftenden, cremigen Sauce emulgiert ist, nochmals mit Salz abschmecken und über das Fischfilet gießen.

Zusammen mit knusprigen Kartoffelpuffern ein köstliches, schnelles Essen!

ZUTATEN

Pro Person:

1 Schollenfilet (ca. 100 g)
2 EL Olivenöl
Salz
Pfeffer
etwas Currypulver
½ Zitrone
Schnittlauch
Kerbel oder Petersilie

Einfach super: das perfekte Schnitzel

Auch damit lässt sich prima aus dem Stand kochen: Das heißt, wir brauchen nicht erst groß einkaufen zu gehen, das meiste haben wir ohnehin im Haus. Diesmal haben wir auf dem Heimweg beim Metzger schöne Schnitzel erstanden – zusammen mit dem, was im Vorratsschrank zu finden ist, zaubern wir schnell ein gutes Essen. Unsere Zutaten haben wir also parat: 2 schöne Schweineschnitzel, Salz, Pfeffer, Öl zum Braten, 1 Zitrone zum Würzen; und weil ein Schnitzel allein nicht abendfüllend ist, aus dem Vorrat: Zwiebel, Knoblauch und Möhren. Dazu außerdem Kartoffeln beziehungsweise, für eine schnelle Variante, Reis.

Worauf es beim Schnitzel ankommt

Es sollte ein anständiges Stück Fleisch sein, aus der Oberschale geschnitten und möglichst von einem glücklichen Tier. Das kann man wissen, weil ein anständiger Metzger immer genau dokumentiert, woher das Fleisch stammt, das er verkauft. Und darauf sollten wir alle achten, denn nur, wenn ein Tier ein artgerechtes, also glückliches Leben hat führen dürfen, ist es auch legitim, es zu essen. Also bitte nicht aus der Fleischfabrik, sondern beim vertrauenswürdigen Fachmann einkaufen. Übrigens kann man diese Herkunft auch sehen: zum Beispiel am festen weißen Fettrand, der kernig ist und nicht wabbelig. Das deutet auf anständiges Futter und gute Aufzucht hin. Außerdem schimmert gutes Fleisch matt, es wirkt nicht wässrig, sondern hat einen seidigen Glanz! Natürlich darf man den Fettrand nicht wegschneiden, es ist gutes, kein schlechtes Fett – in dem sogar genauso die für unsere Ernährung wichtigen Omega-3-Fettsäuren stecken wie im Lachs oder einem anderen fettreichen Fisch. Man braucht das Fett ja nicht aufzuessen, wenn man auf die Kalorien achten muss, aber es wird beim Braten schmelzen und so dem Fleisch seinen Geschmack mitteilen. Den Fettrand vor dem Braten mehrmals senkrecht zum Fleisch einschneiden, damit das Schnitzel flach in der Pfanne liegen bleibt und sich nicht hochwölbt.

Das Fleisch mit Salz und Pfeffer würzen, allerdings nur, wenn es tatsächlich sofort danach gebraten wird. Wenn es dann noch eine Weile liegen bleibt, ist Salz natürlich tabu, weil es dem Fleisch Saft entzieht. Zum Braten möglichst eine blanke, also unbeschichtete Pfanne nehmen. Die kann man stärker erhitzen als eine beschichtete Pfanne, und das Fleisch kriegt dann eine schönere Kruste.

Schnitzel mit Zwiebel-Möhren-Gemüse

Das Gemüse wird im Bratfett des Schnitzels zubreitet, während dieses in Alufolie gewickelt noch durchzieht – so können sich die Säfte, die sich beim Anbraten durch den Hitzeschock ins Innere zurückgezogen haben, wieder langsam im Fleisch ausbreiten.

1 Das Fleisch mit Küchenpapier abwischen, bitte nicht waschen! Es ist eine Unsitte, Fleisch zu waschen! Wenn man weiß, wo das Fleisch herkommt, ist es ohnehin nicht nötig. Außerdem wird es ja anschließend gebraten, die Hitze sorgt für perfekte Keimfreiheit.

2 Die Schnitzel auf beiden Seiten salzen und pfeffern. 1 bis 2 Esslöffel Schmalz oder Öl in die sehr heiße Pfanne geben, die Schnitzel rasch nebeneinander hineinlegen und auf jeder Seite höchstens 1 Minute braten. Sobald das Fleisch auf beiden Seiten eine schöne Bräunung zeigt, herausheben, in ein großes Stück Alufolie hüllen und das Päckchen zum Nachziehen in den warmen Backofen (60 °C) legen.

3 Die Zwiebel schälen, halbieren und in Schnitze schneiden. Möhren und Kartoffeln mit dem Sparschäler schälen, jeweils in schmale Stifte hobeln. Im Bratfett das restliche Schmalz oder Öl erhitzen, das vorbereitete Gemüse auf jetzt milderer Hitze andünsten. Salzen, pfeffern, mit etwas Zucker karamellisieren, mit Kreuzkümmel und Zitronenschale würzen.

4 Mit ein paar Spritzern Brühe benetzen und zugedeckt einige Minuten dünsten. Nach etwa 10 Minuten, sobald die Kartoffeln gar sind und auch die Möhren den richtigen Biss haben, mit Zitronensaft ablöschen.

5 Zum Schluss, falls vorhanden, gehackte Petersilie (oder Schnittlauch oder Basilikum – was der Blumentopf auf der Fensterbank hergibt) unterrühren und zusammen mit den Schnitzeln auf zwei Teller verteilen.

GETRÄNK

Dazu ein Glas Wein, zum Beispiel ein weißer Riesling aus der Pfalz oder auch ein Bier – fertig ist ein fabelhaftes Essen aus dem Stand!

ZUTATEN

Für zwei Personen:

2 schöne Schweineschnitzel aus der Oberschale (ca. fingerdick, je 150–180 g)
Salz
Pfeffer
3 EL Schmalz oder Olivenöl
1 Zwiebel
2 Möhren
1–2 Kartoffeln
1 Prise Zucker
¼ TL gemahlener Kreuzkümmel
Saft und abgeriebene Schale von ½ Zitrone
½ Tasse Brühe
Petersilie
Basilikum oder Schnittlauch

Fenchel – Eine Knolle, die es in sich hat

Fenchel hat von Ende Juli bis spät in den Winter hinein Saison. Wir reden hier vom Gemüsefenchel – meinen nicht etwa den Gewürzfenchel oder gar den Samen, den man als Tee gegen Magen- und Darmbeschwerden oder Husten aufbrüht. Hauptsächlich kommt der Fenchel aus Süditalien oder Südspanien auf unsere Märkte. Er gehört wie der Dill zu den Doldenblütlern – so mancher wird wilden Fenchel am Straßenrand im Süden schon mal für eine besonders üppig gediehene Dillpflanze gehalten haben ...

Als Gemüsefenchel ist er hingegen unverwechselbar: Wie Schalen legen sich die unteren Enden der Stiele um ein zartes Herz und bilden eine Knolle. Fenchel hat ja einen charakteristischen Geschmack, den manche sehr, andere weniger lieben. Das mag damit zu tun haben, dass man ihn vielleicht schon als Kleinkind häufig trinken musste! Man verabreicht nämlich den Babys gerne Fencheltee, weil er beruhigt, sogar Bauchgrimmen regelrecht lindern kann.

Man kann Fenchel roh als Salat zubereiten, man kann ihn kochen, dünsten oder braten. Als Gemüse passt er besonders gut zu Fisch, aber auch zu gegrilltem Fleisch oder Wurst. Aber man kann ihm auch eine Hauptrolle zuweisen, indem man ihn zum Beispiel in einen Auflauf steckt. Sobald man den Fenchel nicht roh zu verspeisen wünscht, muss man ihn vorkochen.

Überbackener Fenchel im Schinkenhemd

Damit alles fix geht, sollte man zuerst den Backofen vorheizen. Dann den Fenchel vorbereiten: Er muss zunächst geputzt und vorgekocht werden.

1 Als Erstes den Ofen auf 180 °C (Heißluft; Ober-/Unterhitze 200 °C) vorheizen. In einer Kasserolle 2 Finger hoch Wasser aufsetzen und zum Kochen bringen.

2 Den Fenchel putzen, das heißt, beschädigte, womöglich schon welke oder angetrocknete äußere Blätter entfernen – nur das zarte Innere schmeckt wirklich gut. Die Knollen senkrecht halbieren, dann vierteln – sehr dicke Knollen auch nochmals durchschneiden. Immer darauf achten, dass die einzelnen Schalen oder Blätter an der Wurzel noch zusammenhängen.

3 Die Stücke ins aufkochende Wasser geben, salzen und mit einigen Tropfen Zitronensaft würzen – so bleiben sie schön hell. Diese etwa 4 bis 6 Minuten zugedeckt vorkochen – je nachdem, wie groß die Stücke sind, und auch, wie frisch der Fenchel ist.

4 Die Fenchelstücke herausheben, mit Zitronenschale würzen, dann jeweils in eine Schinkenscheibe wickeln und nebeneinander in eine Auflaufform betten. Ein bisschen vom Kochsud angießen, salzen, pfeffern, mit Muskat würzen und alles mit Käsescheiben abdecken. Bei 180 °C (Heißluft; Ober-/Unterhitze 200 °C) etwa 10 Minuten backen, bis der Käse geschmolzen ist. Nach Belieben mit frischen Kräutern bestreuen und direkt aus dem Ofen servieren.

BEILAGE

Es genügt einfach frisches Brot. Für größeren Hunger empfiehlt es sich, ein paar gekochte, geschälte Kartoffeln rund um die eingewickelten Fenchelstücke zu setzen und mit in den Ofen zu schieben.

GETRÄNK

Ein herzhafter Weißwein.

ZUTATEN

für zwei bis drei Personen:

2–3 Fenchelknollen (je nach Größe, ca. 500 g insgesamt)
Salz
Zitronensaft und -schale
6–8 Scheiben gekochter Schinken
Butter für die Form und für Flöckchen
Pfeffer
Muskatnuss
6–8 Scheiben Edamer oder Bergkäse
falls möglich frische Kräuter
(z.B. vom Blumentopf auf der Fensterbank: Petersilie, Basilikum oder Schnittlauch)

Fenchelvariationen

In Fenchel steckt noch viel mehr: Er lässt sich vielseitig zubereiten, zum Bespiel roh:

Fenchelsalat mit Apfel

Eine Fenchelknolle vierteln, auf dem Gurkenhobel in feine Scheibchen hobeln. 1 Apfel mitsamt der Schale vierteln, Kerngehäuse ausschneiden und die Viertel in hauchdünne Scheibchen schneiden, außerdem 1 (möglichst rote) Zwiebel in feine Ringe. Alles in einer weiten Schüssel vorsichtig mischen. Aus 2 Esslöffeln Zitronensaft, Salz, Pfeffer und 2 bis 3 Esslöffeln Olivenöl eine Marinade rühren und über die Zutaten gießen. Eventuell zerzupfte Petersilienblättchen untermischen.
Ein wunderbarer Salat, zum Beispiel zu einem frisch gebratenen oder fertig gekauften Grillhähnchen!

Gekochter Fenchel mit Olivenöl

Fenchel in Stücke schneiden, in wenig Salzwasser bissfest kochen, mit einer Schaumkelle herausheben und auf eine kleine Platte betten. Mit einigen Tropfen Zitronensaft und 1 guten Schuss Olivenöl beträufeln, mit wenig Salz und einem Hauch Cayennepfeffer würzen. Roh gehacktes Fenchellaub darüberstreuen.
So schmeckt Fenchel prima zu gebratenem Fisch!

Fenchel-Tipps

Immer darauf achten, frische, saftige Knollen zu kaufen, sie dürfen nicht schon angetrocknet wirken. Frische, gute Knollen sind ganz weiß und knackig fest, haben eine seidig glänzende Oberfläche, dann sind sie frisch und zart. Knollen mit braunen Flecken oder gar mit schrumpeligen Außenblättern liegen lassen!

Der süße Garten- oder Gemüsefenchel wurde ursprünglich aus der Wildpflanze gezogen: Je dicker die Schalen oder Blätter sind, desto zarter ist er! Achten Sie auf die Stielansätze, sie sollen unbedingt noch prall und saftig sein, nicht schon hart wie beim Gewürzfenchel. Besonders schön ist es, wenn innen ein grünes Herz mit viel Laub sitzt – das schmeckt nämlich gut nach Anis und lässt sich als Würzkraut verwenden.

Die typische Fenchelwürze kommt von den vielen ätherischen Ölen, die ihn obendrein überaus gesund und bekömmlich machen. Außerdem enthält Fenchel reichlich Kalium, Calcium und Magnesium sowie viel Vitamin C.

Was Sie nicht gleich verbrauchen, legen Sie ins Gemüsefach, bei 2 °C und hoher Luftfeuchtigkeit hält sich Fenchel ohne Weiteres 4 bis 5 Tage. Deshalb ist es besonders unverständlich, dass man ihn in vielen Läden bereits welk bekommt und in so schlechter Qualität.

Wenn die äußeren Blätter bereits vertrocknet oder angeschlagen sind, entwickeln sie auch unangenehm feste, zähe Fasern, man muss dann alle Schalen entfernen, bis man zu dem eventuell noch zarten Herzen gelangt. Bei länglichen Knollen ist das übrigens eher der Fall, als bei den runden, die meist eine fleischigere und zartere Struktur haben.

Heiße Senfeier

ZUTATEN

Für zwei bis drei Personen:

500–600 g mehlig-festkochende Kartoffeln
Salz
300 ml kräftige Brühe
100 g mittelscharfer Senf
ca. 100 g Sahne
2 Eigelb
Pfeffer
1 Kräuterstrauß (Schnittlauch, Petersilie, Kerbel, Liebstöckel)
5–6 hart gekochte Eier

Unser Tipp, wie man hart gekochte Eier verzaubern kann – vielleicht sind ja noch welche von Ostern übrig?

1 Die Kartoffeln schälen, vierteln oder in Stücke schneiden. In einem Topf mit Wasser knapp bedecken, salzen und 20 Minuten kochen, bis die Kartoffeln gar sind und sich widerstandslos mit einem spitzen Messer durchstechen lassen.

2 In einer Kasserolle die Brühe aufkochen, den Senf einrühren und die Sahne angießen. 5 Minuten leise köcheln, bis sich alles innig verbunden hat. Die Eigelbe in einem Schälchen mit 2 bis 3 Esslöffeln dieser Sauce verquirlen und in die heiße Sauce rühren. Unter Rühren nochmals erhitzen, bis die Sauce cremig und angenehm dicklich wird, aber nicht mehr ins Kochen geraten lassen, weil sonst das Eigelb gerinnt und ausflockt. Die fein gehackten Kräuter einrühren, die Sauce nochmals kräftig abschmecken. Die Eier pellen, in grobe Würfel schneiden und in dieser Sauce erwärmen.

3 Zum Servieren die Salzkartoffeln auf die Teller verteilen, die Senfeier mit ihrer Sauce so großzügig darübergeben, dass die Kartoffeln vollständig darunter verschwinden.

Gefüllte Senfeier

Ein kleiner Leckerbissen, den man sich rasch auch mal ganz für sich alleine gönnen kann:

1 Die Eier längs halbieren. Das Eigelb vorsichtig herausholen – die Eiweißhüllen sollten möglichst intakt bleiben, damit man später das angemachte Eigelb wieder hineinfüllen kann.

2 Eigelb, Senf, Kräuter, Kapern, Cornichons und Chili in einer Schüssel miteinander verrühren, dabei mit der Gabel glatt drücken. Mit Salz und Pfeffer würzen, dann das Öl unterrühren. Diese Creme zurück in die Eihälften verteilen, dabei hübsch aufhäufen. Auf einem Bett von Kresse anrichten.

BEILAGE

Zu frischem Bauernbrot genießen, das ruhig gebuttert sein darf …

ZUTATEN

Pro Person:

1–2 hart gekochte Eier
1 TL scharfer Senf
2–3 EL fein gehackte Kräuter
je 1 TL fein gehackte Kapern
und gewürfelte Cornichons
eventuell 1 Stückchen ganz fein
gewürfelte Chilischote
Salz
Pfeffer
1 EL Olivenöl
Kresse zum Anrichten

Spaghetti mit Sauce aus nix!

Das ist ein absoluter Klassiker in Italien – wenn nix im Haus ist, dann finden sich trotzdem garantiert noch die nötigen Zutaten für dieses wundervolle Spaghettigericht im Vorratsschrank: Spaghetti (oder eine andere Pasta), eine Knoblauchknolle, sicher auch noch ein paar Chilischoten, seien sie auch getrocknet, und natürlich Olivenöl, vielleicht sogar noch ein Stück Parmesan. Dazu das Salzfass und die Pfeffermühle. Und vermutlich steht auf der Fensterbank auch noch ein Topf mit Grünzeug, Petersilie oder sogar Basilikum. Damit sind die Zutaten allesamt zur Hand, für eines der Lieblingsgerichte der italienischen Küche. Genau das Richtige also nach dem Motto: Kochen aus dem Stand. Also mit nichts als dem, was sich im Vorratsschrank befindet.

Spaghetti aglio, olio e peperoncino

Auf gut Deutsch: Spaghetti mit Knoblauch, Olivenöl und Chili. Es versteht sich, dass es bei so wenigen Zutaten durchaus darauf ankommt, dass sie allerbester Qualität sind: eine gute Pasta aus Hartweizen, die nach dem Kochen einen angenehmen Biss behält. Wir lieben die ganz feinen, dünnen Spaghettini, auch Cappelli d'angelo, Engelshaar, genannt, weil sie so fein sind. Sie sind schneller gar als die normal dicken Spaghetti, und sie schmecken feiner! Auch der Knoblauch sollte fest sein und gut duften, nicht schon keimen oder gar einen karbonartigen Geruch verbreiten.

1 Ca. 2 Liter Wasser aufsetzen und zum Kochen bringen, unbedingt mit Deckel, weil es sonst zu lange dauert und außerdem Energie verschwendet.

2 Das Nudelwasser erst, wenn es kocht, salzen, sofort die Spaghetti zufügen, sobald es möglich ist umrühren. Auf mittlerer Hitze leise ca. 8 bis 9 Minuten köcheln lassen (Packungsaufschrift beachten!).

3 Inzwischen den Knoblauch pellen, mit der Breitseite der Messerklinge draufklopfen, dann mit der Schneide hacken. In einer Pfanne im heißen Öl sanft schmurgeln, auf keinen Fall bräunen. Aus der Mühle pfeffern. Die Chilis öffnen, die Kerne herausschütteln, das Fruchtfleisch in Stückchen bröckeln und zum Knoblauch ins Öl geben. Ebenso die fein gehackte Petersilie.

4 Um zu prüfen, ob die Pasta gar ist, eine Nudel herausfischen und kosten, ob der Biss angenehm ist. Die Pasta abschütten, auf keinen Fall abtropfen lassen, sondern tropfnass in die Pfanne geben. Auf starker Hitze jetzt aufbrausen lassen, damit sich Knoblauchöl und Kochwasser wie zu einer Emulsion verbinden und zu einer cremigen Sauce werden. Jetzt alles umwenden und vermischen, gleichzeitig den geriebenen Parmesan hinzustreuen – und in tiefen, vorgewärmten Tellern servieren.

Das sieht appetitlich aus und duftet verführerisch – schnelle Küche, wie sie besser nicht sein kann!

ZUTATEN

Für zwei Personen:

250 g feinste Spaghetti
1 gehäufter EL Salz
3–4 Knoblauchzehen
3 El Olivenöl
Pfeffer
1–2 getrocknete Chilischoten
(je nach Größe und Schärfe)
eventuell etwas Petersilie

TIPP

Noch schneller geht's, wenn man einen Großteil des Wassers mit dem Wasserkocher erhitzt.

Spaghetti-Variationen

Mit Anchovis und Bröseln

Mit ein wenig mehr Aufwand lässt sich diese Grundzubereitung abwandeln: Zum Knoblauch pro Person 2 bis 3 Anchovisfilets geben und mitschmurgeln lassen, dabei mit dem Kochlöffel ein wenig zerdrücken. Mit abgeriebener Zitronenschale würzen, nach 1 Minute pro Person jeweils 1 gehäuften Esslöffel Semmelbrösel miträsten, bevor die tropfnasse Pasta untergemischt wird.

All'arrabbiata

Speckstreifchen zuerst in die Pfanne geben und in 1 Esslöffel Olivenöl fast knusprig braten. Dann die Hitze reduzieren, damit der gehackte Knoblauch nur gedünstet wird und keine Farbe nimmt. Nach Gusto Chili zufügen. Ein paar Löffel Tomatenpüree aus dem Glas unterrühren und 1 Schuss Nudelwasser. Etwas einkochen, Pasta hinzufügen (eventuell statt der Spaghetti bissfest gekochte Penne) und in der Sauce 1 Minute mitkochen. Geriebenen Parmesan darüberstreuen und untermischen. Dazu einen frischen, jungen Chianti trinken, und man fühlt sich wie im Urlaub!

Pfiffige Häppchen – Schnittchen mit Ei

Originelle Häppchen für die Party – das schafft man auch aus dem Stand. Denn praktisch alle Zutaten dafür sind garantiert immer im Haus: gekochte Eier und die unterschiedlichsten, geschmackgebenden Zutaten: Matjes, Gürkchen und Kapern, Chiliöl (aus dem Asienladen), Leberwurst sowie Mayonnaise und Dill – außerdem lange, dünne Bauernbrotscheiben. Daraus werden wunderbare kleine Schnittchen, belegt mit gehacktem und immer wieder anders gewürztem Ei. Das sieht pfiffig aus und schmeckt einfach super! Die Idee haben wir aus Wien, dort gibt es das „Tresznievski", eine herrliche kleine Bar in der Dorotheergasse, schräg gegenüber vom berühmten „Café Hawelka" – und mittlerweile sogar in der ganzen Stadt kleine Filialen, in denen man solche Schnittchen kaufen kann. Zum Sofortessen, für die Bewirtung zu Hause, im Büro oder sonstwo, und als Picknick unterwegs. Und dazu trinkt man einen Pfiff, das ist ein winziges Gläschen Bier, oder ein Achterl Wein. Und mit einem Teller voller solcher Häppchen ist bald jeder glücklich und satt.

Schnittchen mit Ei und …

In jedem Fall braucht man dazu gekochte Eier, sie sollten innen noch einen ganz winzigen feuchten Kern haben – das sind ca. 9 Minuten Kochzeit –, dann schmecken sie am besten und mischen sich perfekt mit den anderen Zutaten.

… Matjes

Die Eier fein hacken (mit einem großen Messer auf der Arbeitsfläche oder mit dem Eierschneider). In einer Schüssel mit dem fein gehackten Matjes, Essig, Öl sowie der Mayonnaise vermischen. Gut mit Salz und Pfeffer abschmecken. Gleichmäßig auf die Brotscheiben verteilen und schmale Schnittchen ausschneiden.

ZUTATEN
Für vier Personen:

2 hart gekochte Eier
2–3 Matjesfilets
1 EL Essig
1 TL Öl
1 EL gute Mayonnaise
Salz
Pfeffer
2–3 dünne lange, Bauernbrotscheiben

ZUTATEN

Für vier Personen:

2 hart gekochte Eier
2–3 gehäufte EL Kapern
5 Gewürzgürkchen
1–2 EL Gurkensaft (aus dem Gewürzgurkenglas)
Salz
Pfeffer
2–3 Brotscheiben

... Kapern & Gürkchen

Die Eier würfeln, mit den ebenfalls klein gewürfelten Gürkchen und den gehackten Kapern mischen, mit Gurkensaft, Salz und Pfeffer würzen. Gleichmäßig auf die Brotscheiben streichen und Schnittchen schneiden.

ZUTATEN

Für vier Personen:

2 hart gekochte Eier
1–2 EL Chilipaste (aus dem Asienladen)
Koriandergrün (oder ein anderes Kraut)
1 TL Soja- oder Fischsauce
2–3 Brotscheiben

... Chili

Die Eier hacken, mit der Chilipaste mischen, Kräuter einarbeiten und gut abschmecken. Auf die Brotscheiben streichen. In Schnittchen teilen.

... und noch mehr Ei

Die Eier würfeln. Eine Mayonnaise herstellen: Eigelb, Senf, Zitronensaft und Salz sowie Knoblauch in einen Mixbecher füllen. Zunächst die Hälfte des Öls zufügen, mit dem Stabmixer glatt mixen, dann langsam das restliche Öl hinzufließen lassen. Schließlich mit den hart gekochten Eiern und gehackten Kräutern gut vermischen. Auf die Brotscheiben streichen.

ZUTATEN

Für vier Personen:

2 hart gekochte Eier
1 Eigelb
1 EL Senf
1 EL Zitronensaft
Salz
1 Knoblauchzehe
100 ml Oliven- (oder ein anderes gutes) Öl
Kräuter
2–3 Brotscheiben

... Leberwurst

Die Eier würfeln. Leberwurst mit der fein gehackten Chilischote und dem Senf verrühren. Unter die Eier mischen. Auf die Brotscheiben streichen und Schnittchen ausschneiden. Nach Gusto mit Petersilienblättchen dekorieren.

ZUTATEN

Für vier Personen:

2 hart gekochte Eier
70 g Hausmacher-Leberwurst
1 kleine (oder ½ große) grüne Chilischote
1 EL Senf
2–3 Brotscheiben
Petersilie

Kartoffel-Tortilla mit Roter Bete

ZUTATEN

Für zwei Personen ein Imbiss, für vier bis sechs Personen ein Häppchen zum Aperitif:

3 mittelgroße, gekochte Kartoffeln
1 große Zwiebel
2–3 EL Olivenöl
2 Knoblauchzehen
Salz
Pfeffer
1 grüner Jalapeñochili
2 gebackene oder gekochte Rote Beten
3 Eier
Muskatnuss
3–4 Pimentkörner
Öl zum Braten

Das Superomelett: Frittata nennt man das dicke Omelett mit viel Gemüse in Italien, Tortilla heißt es in Spanien, dann gehören immer auch Kartoffeln hinein. Es ist ein schneller, fabelhafter Imbiss – oder auch ein hübscher Appetithappen zum Glas Wein. Und es ist ein ideales Rezept fürs Kochen aus dem Stand, denn die nötigen Zutaten – Kartoffeln, Zwiebel, Knoblauch, Eier – und eventuell noch ein weiteres Gemüse oder Kräuter –, die kann man immer im Haus haben. Es sage also niemand: Ich muss eine Tüte aufmachen oder ein Fertiggericht aufwärmen. Wir kochen lieber aus dem Stand! Für unser Superomelett haben wir aus dem Supermarkt noch gebackene Rote Bete mitgebracht, die es dort vakuumverpackt fix und fertig zu kaufen gibt.

1 Die Kartoffeln pellen, zentimetergroß hübsch akkurat würfeln. Die Zwiebel schälen, sehr fein würfeln und in einer größeren Pfanne im heißen Öl weich dünsten. Den fein gehackten oder zerdrückten Knoblauch ebenfalls hinzufügen. Dann auch die Kartoffelwürfel untermischen und jetzt alles miteinander braten, bis sanfte Bratspuren sichtbar werden. Immer wieder schütteln und umwenden, dabei salzen und pfeffern. Schließlich auch den Chili zufügen, entkernt und sehr fein gewürfelt. Unterdessen auch die Roten Bete würfeln, etwas kleiner als die Kartoffeln.

2 In einer Schüssel die Eier verquirlen, mit Salz und Pfeffer, reichlich Muskat und im Mörser zerdrückten Pimentkörnern würzen. Und nun kommt der Trick, damit die Tortilla eine schöne Form und eine glatte Unterseite bekommt: Den gesamten Pfanneninhalt in die Schüssel geben und mit den Eiern vermischen – dabei schnell rühren, damit die heißen Kartoffeln die empfindlichen Eier nicht zum Stocken bringen. Auch die Rote-Bete-Würfel unterrühren. Diese Masse dann zurück in die heiße Pfanne geben. Jetzt jedoch eine kleinere, unbedingt beschichtete Pfanne nehmen. Öl darin erhitzen, dann die Eiermasse auf einmal hineinschütten und glatt schütteln. So fließt das Ei zuerst auf den Boden und die Tortilla wird schön glatt.

3 Zugedeckt auf kleinerem Feuer zum Stocken bringen – ca. 10 Minuten lang, bis die Eier an der Oberfläche kaum mehr flüssig sind. Dann einen flachen Deckel auflegen (falls keiner zur Hand ist, einfach einen großen Teller oder ein flaches Tortenblech nehmen), die Pfanne auf den Kopf stürzen, sodass die Tortilla auf den Deckel rutscht, und von dort zurück in die Pfanne schubsen. Eventuell 1 kleinen Löffel Öl in die Pfanne geben, damit die Tortilla auf dieser Seite schön bräunt. Dafür die Hitze etwas verstärken, nach weiteren 2 bis 3 Minuten ist die Tortilla fertig.

4 Vor dem Servieren einige Minuten ruhen lassen, damit die Tortilla sich setzt und beim Anschneiden nicht auseinanderfällt.

GETRÄNK

Ein frischer Riesling, natürlich passt ebenso gut ein Bier.

TIPP

Als Appetithappen die Tortilla in Rauten, für einen Imbiss in Tortenstücke schneiden und zusammen mit einem Salat servieren. Oder mit einem erfrischenden Kräuterquark: Magerquark mit 1 Schuss Sahne glatt rühren, mit Salz, Pfeffer und Zitronensaft sowie reichlich frischem Dill würzen.

Register

KOCHEN MIT

DIE BÜCHER AUS DER TV-KÜCHE VON MARTINA

Lauter Leibgerichte
208 Seiten, gebunden
ISBN 978-3-8025-1626-9
€ 22,– (D) / € 22,70 (A) / UVP: sFr 33,50

Einfach das Beste!
208 Seiten, gebunden
ISBN 978-3-8025-1678-8
€ 22,– (D) / € 22,70 (A) / UVP: sFr 33,50

Kochen mit Leidenschaft
208 Seiten, gebunden
ISBN 978-3-8025-3524-6
€ 22,– (D) / € 22,70 (A) / UVP: sFr 33,50

Alles, was wir mögen
208 Seiten, gebunden
ISBN 978-3-8025-3600-7
€ 22,– (D) / € 22,70 (A) / UVP: sFr 33,50

LEIDENSCHAFT

MEUTH UND BERND NEUNER-DUTTENHOFER

Richtig gut kochen!
208 Seiten, gebunden
ISBN 978-3-8025-1753-2
€ 22,– (D) / € 22,70 (A) / UVP: sFr 33,50

Ganz nach unserem Geschmack
208 Seiten, gebunden
ISBN 978-3-8025-3662-5
€ 22,– (D) / € 22,70 (A) / UVP: sFr 33,50

So schmeckt's bei uns
190 Seiten, gebunden
ISBN 978-3-8025-3698-4
€ 22,– (D) / € 22,70 (A) / UVP: sFr 33,50

Das Beste von Meuth & Neuner-Duttenhofer
208 Seiten, gebunden
ISBN 978-3-8025-1752-5
€ 19,95 (D) / € 20,60 (A) / UVP: sFr 30,50

www.vgs.de

EGMONT Verlagsgesellschaften